Hans-Christoph Liess

Regiert das Geld die Welt?

Wie die Wirtschaft funktioniert und warum die Krise immer wieder kommt

Mit vielen Graphic-Novel-Episoden von Gert Albrecht

Ein Buch aus dem
„Franz Schlehofer Buchprojekt"
der

UNION STIFTUNG

Inhalt

Was bedeutet eigentlich das Wort „Wirtschaft"?

In diesem Kapitel stellt eine Frau namens Greta eine gute Frage und ahnt gar nicht, dass deswegen eine andere Greta erfunden wird. Diese verirrt sich im Wald, damit wir verstehen, worum es bei Wirtschaft eigentlich geht.

Greta Paulsen saß in einem Seminar von mir zur Wirtschaftsgeschichte des 19. Jahrhunderts. Sie hatte kurze blonde Haare und ich war mir nie sicher, ob sie sich nicht langweilte. In einer Seminarsitzung stellte sie jedoch plötzlich die Frage: „Was meinen Sie eigentlich mit Wirtschaft?" Ich habe ihr damals keine gute Antwort gegeben. Denn eigentlich, dachte ich, wissen wir doch alle, was mit Wirtschaft gemeint ist. Solange wir an Autos oder Computer denken, scheint die Sache ganz einfach zu sein. Wirtschaft hat etwas mit Geldverdienen und Kaufen und Verkaufen zu tun. Aber was ist z. B. mit einem Lehrer? Auch der verdient Geld und auch der geht arbeiten – aber gehört das nicht eher zur Bildung oder Kultur? Wenn wir ehrlich sind, wissen wir das nicht so genau – und damit auch nicht, was wir mit Wirtschaft meinen.

Wie gut Gretas Frage war, habe ich erst viel später verstanden. Natürlich kann man einfach in ein aktuelles Lehrbuch sehen. Da steht dann z. B.: „Wirtschaft ist die Gesamtheit aller Einrichtungen und Handlungen zur Deckung des menschlichen Bedarfs. Sie umfasst Herstellung, Verbrauch und Verteilung der knappen Güter und Leistungen." Viel schlauer als vorher sind wir dadurch aber erst einmal nicht, da diese Definition von Wirtschaft so abstrakt ist, dass es fast unmöglich ist, daraus abzuleiten, auf welchen Grundüberlegungen sie beruht.

Kurz und gut: Ich möchte den Fehler mit Greta dieses Mal nicht wiederholen und schlage vor, dass wir aus diesem Grund wirklich am Anfang beginnen und die scheinbar einfache Frage beantworten. Und wir werden sehen:

Das komplizierte Gebäude der Wirtschaft steht auf einigen wenigen Bausteinen, Begriffen und Zusammenhängen. Und wenn wir die verstanden haben, wird sich zeigen, dass auch das darauf ruhende Gebäude gar nicht so kompliziert ist, wie wir oft denken.

Es ist gar nicht so leicht, die theoretischen Fundamente auszugraben, die dem, was wir heute Wirtschaft nennen, zugrunde liegen. Denn sie liegen tief vergraben unter vielen Schichten von Theorien. Schauen wir uns dazu einmal die folgende Geschichte von Greta und ihren Freunden an:

Die Radtour

GRETA

„Oh nein, wir haben uns verfahren!"

Eines Morgens brechen Greta und ihre Freunde zu einer Radtour auf. Sie übersehen einen wichtigen Wegweiser DORF . Abends landen sie in der Dämmerung auf einer Lichtung mitten im Wald und ohne jede Orientierung. Schließlich passiert auch noch, dass ein Junge stürzt und eine Gehirnerschütterung hat. So muss die ganze Gruppe für einige Tage an diesem unbekannten Ort bleiben, bis es dem Jungen besser geht und sie alle die Suche nach dem Rückweg aufnehmen können. In der Zwischenzeit müssen sie sich irgendwie vor Regen und Wetter schützen. Die erste

Nacht scheint zum Glück trocken zu bleiben, aber das kann sich schnell
ändern. Sie werden auch Feuerholz brauchen, sowohl um zu kochen als auch
um sich zu wärmen. In ziemlich gedrückter Stimmung legt sich der ganze
Haufen schlafen. Am nächsten Morgen scheint zum Glück die Sonne und die
jungen Leute beschließen, sich sofort an die Arbeit zu machen und sich
in Gruppen aufzuteilen. Eine Gruppe macht sich eilig auf die Suche nach
Trinkwasser, denn inzwischen haben alle höllischen Durst. Eine andere
Gruppe hat die Aufgabe, irgendetwas Essbares aufzutreiben. Am
unkompliziertesten scheint Salat-Ersatz zu sein, denn es finden sich
genug Löwenzahnblumen und Ähnliches auf der Lichtung.

Nur die Hauptspeise fehlt. Auf eine gute Idee kommt schließlich einer aus
der Wassergruppe: Er erinnert sich, dass sie ganz in der Nähe des Baches an
einem abgeernteten Kartoffelfeld vorbeigekommen sind. Man müsste 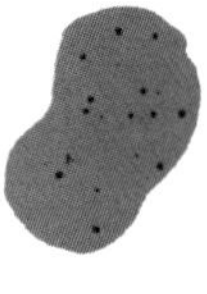
bei einer Nachlese also noch ausreichend Kartoffeln finden. Auch die
Hüttenbauer sind nach einigen Fehlversuchen erfolgreich. Innerhalb
der ersten beiden Tage entstehen zwei bequeme Hütten, die nachts vor
Wind und Regen schützen, mit Dächern aus Gras und Rinde. Auch kommt
genug Holz zusammen, um die Kartoffeln am Feuer zu garen und sich vor dem
Schlafengehen aufzuwärmen ...

Alles selbst gemacht

An diesem Punkt verlassen wir unsere Abenteurer vorübergehend – und sehen, ob sie uns weiterhelfen können bei der Antwort auf die Frage, was Wirtschaft ist. Unser Beispiel auf der Waldlichtung, in dem es weder um Geld noch um Einkäufe geht, zeigt uns, was vor allem anderen die Aufgabe von Wirtschaft ist: uns mit den Dingen zu versorgen, die wir zum Überleben und Leben brauchen. Das sind vor allem Nahrung, Wärme und Schutz vor dem Wetter. Das gilt für *jede* Wirtschaftsform und jedes Wirtschaftssystem! Wenn wir uns selbst anschauen, sehen wir, dass sich auch für uns und unsere Familien heute das meiste darum dreht, Lebensmittel heranzuschaffen, Geld für eine Wohnung oder ein Haus zu verdienen und die Heizrechnung zu bezahlen.

Aber halt, geht es wirklich um die Versorgung mit allen Dingen, die wir zum Leben brauchen? Nein, wir müssen hier sofort eine Einschränkung vornehmen. Denn was ist zum Beispiel mit der absolut lebensnotwendigen Luft zum Atmen? An diese hat unsere Abenteurertruppe keinen Gedanken verschwendet. Man könnte jetzt sagen: weil Luft sowieso da ist, weil man sich nicht um sie kümmern muss. Und genau das trifft den Nagel auf den Kopf: **Zur Wirtschaft gehören nur Dinge, die nicht sowieso im Überfluss überall vorhanden sind, also nur solche Dinge, die mehr oder weniger knapp sind. In unserem Fall waren das Holz, Schutz, Wasser und Nahrung.**

Und weil alles, was knapp ist und zum Leben oder zum Überleben gebraucht wird, für den Menschen gut ist, nennen wir die Dinge, um die es in der Wirtschaft geht einfach Güter oder, noch genauer, knappe Güter.

Sehen wir uns jetzt noch einmal die Definition von Wirtschaft vom Anfang des Kapitels an, dann verstehen wir mühelos, was gemeint ist: In der Wirtschaft geht es darum, knappe Güter zu beschaffen, die man zum Überleben und zum Leben ganz allgemein braucht. Etwas anderes steht auch nicht in der Definition aus dem Lehrbuch, auch wenn diese komplizierter klingt: ▭▭▭▶ **Wirtschaft ist die Gesamtheit aller Einrichtungen und Handlungen zur Deckung des menschlichen Bedarfs. Sie umfasst Herstellung, Verbrauch und Verteilung der knappen Güter und Leistungen.**

An unserer Definition können wir uns nun festhalten, egal wie kompliziert die Dinge in den nächsten Kapiteln noch werden mögen, denn sie ist so grundlegend, dass sie immer und überall gilt, wo von Wirtschaft die Rede ist.

Die ersten Gedanken zur Wirtschaft stammen von **Aristoteles.** Und das ist kein Wunder, denn erstaunlicherweise stammen auf vielen Wissensgebieten die ersten systematischen Überlegungen von ihm, egal ob man über Politik, über Komödien, über Ethik, über Physik oder eben über Wirtschaft spricht. Er lebte vor ungefähr 2.300 Jahren in Athen und natürlich sprach er nicht über Fahrräder oder Wegweiser, aber uns werden seine Gedanken trotzdem sehr bekannt vorkommen.

Aristoteles (384 v. Chr. – 322 v. Chr.) sagt, dass es bei Wirtschaft darum geht, einen Hof mit etwa 20 bis 30 Leuten so zu organisieren, dass alle das ganze Jahr über mit allem versorgt sind, was sie zum Leben brauchen.

Wirtschaft spielte sich damals vor allem in kleinen Gemeinschaften ab, die zusammen einen großen Haushalt oder Hof bewirtschafteten. Und jede Gemeinschaft hatte dabei wirtschaftlich eigentlich nichts oder sehr wenig mit den anderen Gruppen zu tun. Auf jedem Hof musste alles beschafft und hergestellt werden, was die Gemeinschaft zum Leben brauchte – ganz ähnlich unserer verirrten Radfahrergruppe.

Man kann sich vorstellen, dass so ein Hof mit dieser Aufgabe das ganze Jahr über sehr beschäftigt war. Und der Nachbarhof machte es genauso und dessen Nachbarhof auch wieder. Wenn man damals einen Hubschrauber besessen hätte und über das Land geflogen wäre, hätte man aus der Luft einen Flickenteppich von vielen kleinen Wirtschaften gesehen, die unabhängig voneinander vor sich hin wirtschaften. Wenn man damals also von Wirtschaftslehre sprach – man nannte das schon damals „Ökonomik" – so meinte man damit das Wissen, wie man einen Hof so organisiert, dass alle Arbeiten ausgeführt werden können und es am Ende an nichts fehlt. Wie schwierig das ist, haben wir ja schon an unserem ganz einfachen Beispiel im Wald gesehen.

Seit dieser Zeit hat sich viel verändert. Das merken wir schon, wenn wir z. B. auf die Kleider herunterschauen, die wir anhaben. Wie viele davon wurden denn von unserer Familie hergestellt oder von den 20 bis 30 Leuten um uns herum? So gut wie nichts davon, oder? Und wenn wir auf die Etiketten schauen, dann sehen wir, dass schon an den wenigen Kleidern, die wir anhaben, fast die ganze Welt beteiligt war; da kommt der Pullover vielleicht aus Indien, die Wolle dazu aus England, die Hose aus Portugal und die Schuhe aus China. Und wir wollen gar nicht davon sprechen, woher die ganzen Materialien stammen, aus denen diese Sachen dort hergestellt wurden.

Die Selbstversorger-Wirtschaft in kleinen Höfen begann mit den ersten Siedlern in den Jahrtausenden vor unserer Zeitrechnung und es ist verblüffend, wie lange sie sich gehalten hat. Denn wenn man sich an dem Beispiel eurer Kleider vor Augen hält, wie stark sich die Wirtschaft in den letzten 200 Jahren verändert hat, kann man kaum glauben, dass sich die Haus- und Hofwirtschaft für die meisten Menschen bis ins 18. Jahrhundert, also bis in die Zeit vor etwa 250 Jahren, gehalten hat. Seit dem Mittelalter standen die Höfe zwar in der Regel in Dörfern zusammen, das änderte aber fast nichts daran, dass jeder Hof das meiste selbst herstellte. Ausnahmen waren nur solche Produkte, die viel Geschick und vor allem teure Werkzeuge erforderten, wie zum Beispiel geschmiedete Eisengeräte oder Wagenräder. Da sich nicht jeder eine teure Schmiede mit Amboss und Esse bzw. eine Wagner-Werkstatt einrichten konnte, bildeten sich z. B. die Berufe des Wagners und des Schmieds heraus, die die Hufeisen und die Wagenräder für das ganze Dorf herstellten. Aber das waren Ausnahmen.

Und so kommt es, dass die Schriften, die sich mit Wirtschaft beschäftigen, seit Aristoteles bis vor 250 Jahren vor allem davon handeln, wie man die Wirtschaft auf einem Hof so organisiert, dass alle, die dort leben, das ganze Jahr über mit allen knappen Gütern versorgt sind, die sie zum Leben brauchen.

Von sympathischen Egoisten

In diesem Kapitel beschließt Greta, für immer in die Wildnis zu ziehen, und Adam Smith erklärt uns, warum das keine gute Idee ist. Vor allem, wenn man morgens Brötchen essen und nachmittags Stecknadeln haben möchte. Und ganz nebenbei wird auch noch die Marktwirtschaft erfunden.

Adam Smith kann einem leidtun. Zwar gilt er bis heute als einer der berühmtesten Ökonomen aller Zeiten, aber man kann sagen, dass selten jemand so gründlich missverstanden wurde. **Adam Smith (1723–1790) wurde in Schottland geboren, wo er auch die meiste Zeit seines Lebens lebte und als Moralphilosoph wirkte.** Berühmt wurde er nämlich durch die unmoralisch klingende Behauptung, der Mensch solle so egoistisch wie möglich sein. Er hat also bei vielen Menschen keinen guten Ruf. Kaum jemandem ist jedoch bekannt, dass die gesamte Lehre von Adam Smith auf der Idee aufbaut, dass Men-

schen vor allem Sympathie füreinander haben. Dieses Missverständnis konnte entstehen, weil **Adam Smith** zwei wichtige Bücher geschrieben hat, eines über Wirtschaft und eines über Moral. Meistens, und schon zu Zeiten Adam Smiths, haben sich alle auf das Wirtschaftsbuch gestürzt und nur dieses eine gelesen. Und wirklich, wenn man nur das eine Buch liest, erscheint der Eigennutz als etwas sehr Wichtiges in seiner Theorie. Erst viel später wurde allgemein bekannt, dass das andere Buch über Moral eigentlich eine ganz wichtige Ergänzung des Wirtschaftsbuches ist, da dort vieles beschrieben wird, was im anderen Buch fehlt. So zum Beispiel die Ansicht, dass der eigentliche Antrieb des Menschen immer seine Sympathie für seine Mitmenschen ist, für die er sich nur das Beste wünscht. Der Eigennutz erscheint dann plötzlich als Eigennutz für Ziele, die mit der Allgemeinheit der Menschen zu tun haben – und nicht mit persönlichem Egoismus. Am besten kehren wir an diesem Punkt in den Wald zurück, zu unseren tapferen Radfahrern. Wir hatten sie ja verlassen, als klar war, dass sie die Tage, bis sie weiterfahren können, gut überleben würden. Aber was, wenn die Gruppe nach ein paar Tagen Geschmack fände am Leben in der Natur, ohne die Hektik der Zivilisation?

Die Selbstversorger

Warum sollen wir eigentlich
wieder nach Hause fahren?
So mitten in der Natur leben
ist doch viel schöner!

Find ich auch! Morgens wecken
uns die Vögel, mittags abküh-
len im kalten Bach, abends
gemütlich am Lagerfeuer ...

Ob das eine gute Idee ist? Was die ersten Tage zum Überleben gereicht hat,
wird im Laufe des Jahres viel schwieriger. Im Winter liegen weder Kartoffeln auf den Feldern, noch blüht Löwenzahn auf der Wiese. Die Aussteiger
werden also vorsorgen müssen und neben der Nahrung für den Moment auch
genug zu essen für den ganzen langen Winter beschaffen müssen. Die Behau-
sungen müssen stabiler, die Dächer dichter, die Böden besser isoliert, die
Feuerholzberge größer und vor allem müssen die Kleider wärmer sein. Ab
jetzt genügt es nicht mehr, nur Wasser zu holen und Kartoffeln zu klauen.

Gemüse und Obst muss angebaut werden, denn von Kartoffeln allein kann keiner leben. Von den Häusern und der Kleidung gar nicht zu sprechen: Hier müssen richtige Häuser gebaut, Bäume gefällt, Wände gemauert, Öfen gesetzt und einige Möbel gezimmert werden. Und für die Kleidung müssen Schafe ernährt, Wolle geschoren, Stoff hergestellt und zu Kleidern genäht werden ... Viel Vergnügen!

Wir könnten nun ewig so fortfahren und kämen doch immer wieder zum selben Ergebnis: Greta und ihre Freunde brauchen viel Glück, wenn sie das schaffen wollen, und sie werden von morgens bis abends schuften müssen, bis sie todmüde aufs Lager fallen. Aber wir wollen keine Spielverderber sein und gehen davon aus, dass die Gruppe das schafft und nun Jahr für Jahr als Selbstversorger auf der Lichtung lebt. Aber: Fahrradtouren machen, tagelang am Baggersee liegen, lesen oder einkaufen, all das fällt aus. Es wird ein Leben sein, das vor allem darauf ausgerichtet ist zu überleben. Ein Leben ohne jeden Luxus! Unsere Vorfahren haben dieses Leben über Jahrtausende hinweg geführt. Und für den größten Teil der Bevölkerung gilt das sogar bis mindestens vor 200 Jahren, das haben wir am Beispiel der Hofwirtschaft bzw. der Dorfwirtschaft gesehen. Als ich die Idee hatte, mit meiner Familie aufs Land zu ziehen, und wir uns einen alten Bauernhof ansahen, dessen alte Besitzer vor Kurzem verstorben waren, konnte ich es gar nicht glauben: Da gab es wirklich eine Räucherkammer, um das Fleisch haltbar zu machen, eine Milchküche, um Käse, Sahne und Butter herzustellen, eine Scheune für Heu, eine Schlachtküche, eine Werkstatt und Pferde-, Schweine-, Kuh- und Schafställe!

Mit Adam Smith kommt es zu einer echten Revolution im wirtschaftlichen Denken. Es ist ein Umschwung, der uns bis heute bestimmt.

Auf einen Satz gebracht, sagt Adam Smith: Wir alle werden besser versorgt, wenn nicht jeder ausschließlich für sich arbeitet, sondern wenn jeder nur für die anderen arbeitet.

Einer für alle

Wie soll das gehen? Das ist nun wirklich schwer vorstellbar. Denken wir uns beispielsweise mal einen Tisch, der mit leckeren Speisen beladen ist. Jeder, der am Tisch sitzt, hat eine Gabel und einen Löffel in der Hand, nur dass er damit nicht sich selbst bedient, sondern nur seinen Nachbarn füttern darf. Das hört sich nicht gerade so an, als würde ich am Ende satt werden, denn abgesehen davon, dass vielleicht jemand neben mir sitzt, der mich nicht mag, woher können die anderen wissen, was ich brauche und wie viel davon? Da würden wir es wohl alle vorziehen, für uns selbst zu sorgen.

Adam Smith lebte in einer Zeit, in der die meisten Menschen noch auf dem Lande wohnten und auf ihren Höfen Selbstversorger-Wirtschaft betrieben. In dieser Situation machte Adam Smith in seinem berühmten Buch folgenden Vorschlag: Wenn wir aus dem armen und harten Leben ausscheren wollen, müssen wir dazu übergehen, dass jeder das macht, was er am besten kann. Denn wenn man nur eine Tätigkeit ausübt, und dazu noch eine, die man gut beherrscht, wird man viel mehr zustandebringen, als wenn man lauter verschiedene Dinge tut, die einem vielleicht noch nicht einmal besonders liegen. Er erläuterte das am Beispiel einer Stecknadel.

Die Stecknadel

Ein kleiner Hof zu Selbstversorger-Zeiten. Eine Bäuerin braucht Stecknadeln. Jemand auf dem Hof muss sie herstellen, der außerdem auch noch
pflügt, schmiedet, drischt und Holz hackt.

Nach einigen Versuchen ist ein Tag vergangen und der Knecht hat erst zwei
Nadeln gefertigt. Am nächsten Tag liefert er eine Schachtel mit 30 Nadeln
ab. Wenn der Knecht sich nun auf das Herstellen von Stecknadeln spezialisiert,
wird er herausfinden, wie man Stecknadeln am geschicktesten produziert.

Die Sache hat noch mehr Haken: Im alten Wirtschaftssystem, der Hofwirtschaft, wäre dieser Mann schlecht dran, denn wenn der Winter kommt, hat er zwar viele Tausend Stecknadeln, aber nichts zu essen, nichts zu heizen und auch sonst nichts. Das Ganze funktioniert also nur, wenn viele Menschen mitmachen und jeder eine Tätigkeit ausübt, in der er besonders geschickt ist. Denn dann können andere sich um Essen, Heizung, Kleidung etc. kümmern, und zwar ebenfalls nicht für sich, sondern für alle. Man bräuchte dann einen Menschen, der nur Mützen macht, einen, der nur Sensen schärft, einen der nur Brot backt, einen, der nur Knöpfe schnitzt, und so weiter, bis alle Tätigkeiten, die sonst von einer Person vollbracht werden, aufgeteilt sind. Denn mit einer solchen Arbeitsteilung wäre es tatsächlich so weit: Keiner würde für sich, aber alle würden für die anderen arbeiten. Und insgesamt würde es von allem viel mehr geben, also Nadeln, Mützen, Brötchen und Knöpfe, wie das Stecknadel-Beispiel gezeigt hat.

Und wie würde die Verteilung funktionieren? Wie soll man verhindern, dass es uns am Ende geht wie im Beispiel mit dem vollen Tisch, von dem ich mir nichts nehmen kann? Wie kann ich mich darauf verlassen, dass ich alles bekomme, was ich brauche, wenn ich es nicht selbst mache?

Adam Smith sagt, das funktioniert deswegen, weil glücklicherweise inzwischen das Geld als Tauschmittel erfunden wurde. Denn während das Geld vorher eigentlich nur für Ausnahmefälle notwendig war, wenn etwas nicht selbst produziert werden konnte und auf dem Markt eingetauscht werden musste, erweist es sich jetzt als unabdingbare Voraussetzung für so eine arbeitsteilige Wirtschaft. Denn nun kann der Nadelmacher alle seine Nadeln auf den Markt bringen und gegen Geld eintauschen und dann mit dem Geld an die anderen Marktstände ziehen und sich all das kaufen, was er zum Leben braucht.

Ungelöst ist dann aber noch eine andere Frage: Wie sorgt man denn dafür, dass auch wirklich genug von den Gütern produziert werden, die ich zum Leben brauche? Denn was ist, wenn es nicht nur einen, sondern fünf Menschen gibt, die besonders begabt fürs Nadelmachen sind, aber nur einen, der gut Schnürsenkel machen kann? Dann gibt es zwar Unmengen Nadeln am Nadelstand zu kaufen, mehr, als 100 Leute jemals brauchen, aber der Schnürsenkelstand hat nur für einen kleinen Teil der Leute Schnürsenkel und die meisten müssen mit offenen Schuhen herumlaufen?

Das war in der alten Hof-Wirtschaft kein Problem. Auf einem kleinen Hof kann der Chef aus Erfahrung mühelos sagen, wie viel wovon produziert werden muss, damit es für alle reicht. Denn für beispielsweise 20 Personen braucht man eben 20 Paar Schuhe und pro Tag zwei Brötchen, also insgesamt 40 Brötchen zum Frühstück. In der neuen, arbeitsteiligen Wirtschaft sind jedoch so viele Leute beteiligt, die sich gar nicht mehr alle kennen. Müssen wir da nicht Angst haben, dass die Brötchen gerade für uns nicht mehr ausreichen? Oder dass der Brötchenbäcker die Brötchen so teuer verkauft, dass wir sie uns gar nicht leisten können?

Damit sind wir beim zweiten Teil der Revolution, der sogar noch viel wundersamer klingt als der erste. ▬▬▬▶ **Wieder auf einen Satz verkürzt, sagt Smith: Wir müssen uns nicht darum sorgen, ob auch genug Güter für alle produziert werden und ob diese Güter auch bei allen ankommen, denn das geschieht auf dem Markt wie durch ein Wunder von ganz alleine und besser, als wir es jemals organisieren könnten.** Ja, Adam Smith sagt wirklich, dass in einer arbeitsteiligen Wirtschaft, in der die Güter durch Geld auf dem Markt ausgetauscht werden, alle Güter automatisch gerecht verteilt werden! Die einzige Bedingung dafür ist, dass jeder versucht, so viel Geld wie möglich zu verdienen.

Auf dem Marktplatz

Der Nadelmacher ist hochzufrieden. Denn er hat bis zum Abend fast seine ganze Ware verkauft, niemand sonst außer ihm verkauft Nadeln. Doch am nächsten Tag ...

Der Nadelmacher von gestern, ein zweiter Nadelmacher und zwei Brötchenbäcker kommen beide mit ihren Wagen voller Waren auf den Markt.

Da fast alle gerne jeden Tag Brötchen essen, sind diese am Brötchenstand gegen Mittag schon ausverkauft.

Bei den Nadelmachern ist es genau umgekehrt: Nachmittags haben sie noch den halben Wagen voll mit Waren. Sie beschließen, mit dem Preis herunterzugehen.

Ob sie bis abends genug Geld eingenommen haben, um sich an den anderen Ständen die Sachen kaufen können, die sie zum Leben brauchen? Der neue Nadelmacher beschließt, auf ein anderes Handwerk umzusteigen ...

Geld regiert die Welt!?

Wie soll das gehen? Sehen wir uns Smiths Ideen hierzu genauer an.

Was hier passiert ist, nennt Smith das Gesetz der unsichtbaren Hand: Er meint damit die wundersame Fügung, welche die Menge der Produktion und die gerechte Verteilung der Güter auf einem Markt wie von selber regelt, obwohl alle nur an den eigenen wirtschaftlichen Erfolg gedacht haben. Das Ergebnis erscheint tatsächlich wie ein Wunder, das sich aus dem Zusammenspiel aus Angebot und Nachfrage ergibt: Gibt es zu viel Angebot wie beim Nadelmacher, sinken die Preise und sorgen dafür, dass weniger Leute dieses Produkt herstellen und stattdessen bei der Produktion von Gütern einsteigen, bei denen offensichtlich noch nicht genug Angebot da ist. Diese erkennt man nämlich wiederum an den hohen Preisen, wie bei den Brötchenbäckern, und kann nun einerseits ebenfalls Geld verdienen und andererseits dazu beitragen, dass das Angebot sich an die Nachfrage anpasst und die Preise auf ein vernünftiges Niveau sinken. Adam Smith war sich sicher, dass die unsichtbare Hand die Hand Gottes sein müsse. Heute denken die Ökonomen, dass es sich um eine Art Naturgesetz handelt, ähnlich dem Gesetz der Schwerkraft in der Physik.

Die Theorie von Smith funktioniert, wenn eine Bedingung erfüllt ist: Es müssen genügend Menschen mitmachen! Denn am Nadelmacher-Beispiel haben wir gesehen, dass das Ganze nur funktioniert, wenn es genügend andere Menschen gibt, die sich auf andere Produkte spezialisieren, damit der Nadelmacher sich mit dem Geld, das er mit den Nadeln verdient hat, alle andere Sachen kaufen kann, die er braucht. Und damit sind wir bei den Gründen, warum erst Smith diese Entdeckung machte, denn in der Zeit vor Smith war es gar nicht möglich, dass so viele Menschen sich an einem Markt beteiligen.

Die zwei wichtigsten Gründe dafür waren: Erstens gab es keine Möglichkeit, sich schnell fortzubewegen. Es gab keine Züge, keine Autobahnen, keine Straßenbahnen und keine Autos, das heißt, man musste entweder laufen oder sich eine Kutsche leisten, die aber auch nicht viel schneller war. Wenn also mehr Leute als eine Dorfgemeinschaft an einer arbeitsteiligen Wirtschaft mitmachen wollen, war das bis zu den Zeiten Adam Smiths nicht möglich. Denn man kam zu Fuß vielleicht noch gut ins Nachbardorf, um seine Waren zu verkaufen, aber schon ein Markt zwei Dörfer weiter konnte zu weit weg sein; man verlor zu viel Zeit mit dem Weg, Zeit, die man zum Arbeiten brauchte. Ohne gute Transportwege gab es eigentlich keine andere Möglichkeit als eine Selbstversorger-Wirtschaft, denn es geht ja nicht nur um den Weg zum Markt, sondern es müssen auch die ganzen Rohstoffe organisiert und transportiert werden, die jemand braucht, wenn er den ganzen Tag ein Gewerbe betreibt. Das ist kein Problem, wenn man jeden Monat ein paar Nadeln für den eigenen Gebrauch herstellt, aber wenn man tagein, tagaus Nadeln produziert, wird man den Stahl dazu nicht in einem einzigen Dorf finden. Eine Marktwirtschaft kann man also nur auf einem Netz oder einer Struktur von Verkehrswegen aufbauen.

Heute nennt man ein solches Netz Infrastruktur, was übersetzt „darunterliegende Struktur" bedeutet.

Der zweite Grund ist nicht so leicht vorstellbar: Was konnte die Leute damals außerdem davon abhalten, am Marktgeschehen teilzunehmen und das herzustellen, mit dem sie Geld verdienten? Die Menschen in den letzten Jahrhunderten und Jahrtausenden *durften* meistens gar nicht dorthin gehen, wo sie gerne hingehen wollten. Bis vor Kurzem, also bis vor etwa 200 Jahren, mussten die allermeisten Menschen ihr ganzes Leben dort bleiben, wo sie geboren wurden, und ihr Beruf stand schon mit ihrer Geburt fest.

Das klingt zwar unglaublich, aber am ehesten ist das wohl vergleichbar mit dem Verhältnis von Eltern und Kindern. Denn als Kind dürfen wir auch nicht einfach machen, was wir wollen, wir müssen fragen, wenn wir kurz von zu Hause weggehen wollen, wir müssen die Arbeiten im Haushalt erledigen, die uns aufgetragen werden, wir dürfen nicht einfach in die nächste Stadt gehen und ein eigenes Leben führen und wir müssen sogar mit den Eltern in den Urlaub fahren. Dafür kümmern sich unsere Eltern um uns, ernähren uns, sorgen dafür, dass wir Kleidung und auch sonst alles bekommen, was wir brauchen. So ähnlich wie wir als Kinder lebten damals die meisten Menschen: Sie gehörten sozusagen zu einer großen Familie, in der ein Vater über sie herrschte. Die Familie, das war entweder eine Grafschaft, ein Fürstentum, ein Rittergut oder sonst ein Gebiet, in dem eine adlige Familie über alle anderen Menschen wie Eltern über ihre Kinder herrschte. Die Landesväter mussten dafür auch für ihre Untertanen sorgen. Nicht umsonst sprachen die Herrschaften, wenn es um ihre Untertanen ging, von ihren Landeskindern. Und das betraf nicht nur die Arbeit. Die Menschen mussten ihre Herren sogar fragen, ob sie heiraten oder auf ein Gymnasium gehen durften.

Die meisten Menschen damals lebten in einer Selbstversorgerwirtschaft (heute sagt man auch „Subsistenzwirtschaft" dazu). Dem Landesvater mussten sie dafür ein Zehntel der Ernte, den sogenannten „Zehnten", abgeben.

Und jeder Sohn musste denselben Beruf wie der Vater ausüben, ob er wollte oder nicht.

Eine Marktwirtschaft war unter diesen Bedingungen natürlich unmöglich. Denn der Ausgleich von Angebot und Nachfrage, wie wir ihn am Beispiel der Nadeln und der Brötchen gesehen haben, kann nicht funktionieren, wenn erstens niemand seinen Beruf wechseln und zweitens niemand seine Heimat verlassen darf, um dorthin zu ziehen, wo man besser Geld verdienen bzw. seine Waren verkaufen kann. Denn dazu braucht man die Freiheiten, die wir heute ganz selbstverständlich genießen. Die Freiheit zu leben, wo man möchte, die Freiheit, seinen Beruf zu wählen, die Freiheit zu heiraten, wen man will. Als Adam Smith lebte, änderten sich die Dinge aber bereits. Sowohl was die Infrastruktur als auch was die Freiheiten der Menschen anging.

Als die Wolle auf Reise ging

Zuerst zu den Verkehrswegen: Der Ausbau der Verkehrswege hatte in der Kleiderherstellung begonnen. Denn hier hatte sich eine Arbeitsteilung ergeben, von der man merkte, dass sie sich schnell über das ganze Land ausweiten würde. Genauer gesagt, war es die Herstellung von Bekleidung, Mänteln, Hemden und Anzügen, bei der man erstmals entdeckt hatte, wie hilfreich es sein kann, wenn nicht jeder seine zwei Schafe schert und dann anfängt, Stoff zu weben und sich Kleider zu nähen. Stattdessen begann man, die viele Wolle, die es in England wegen der vielen Schafe gab, zu sammeln und dann von Menschen bearbeiten zu lassen, die nichts anderes taten, als Bekleidung herzustellen. Plötzlich konnten unglaublich viele Kleidungsstücke produziert werden, und das zu Preisen, die man sich vorher gar nicht vorstellen konnte. Nachdem diese Entwicklung in einem kleinen Gebiet begonnen hatte, zeigte sich bald, dass auch der Rest des Landes gerne billige Kleidung kaufen würde, anstatt mühsam alles selbst zu nähen und zu weben.

Nur stellte sich genau hier das Problem der fehlenden Infrastruktur. Denn wenn man solche Massen von Kleidern für das ganze Land herstellen möchte, muss man zuerst Unmengen von Wolle aus allen Ecken des Landes ansammeln. Diese muss verarbeitet und die Kleider anschließend wieder über das ganze Land verteilt werden, um sie zu verkaufen. Das ist zu Fuß oder mit der Kutsche nicht zu schaffen.

Aber man fand eine Lösung. Sie entsprach zwar nicht dem, was wir heute als Hauptverkehrsadern kennen, war aber unglaublich effektiv: Die Engländer begannen, Kanäle durch ihr Land zu graben. Denn da es noch keine motorisierten Fahrzeuge gab, war es bei Weitem das Einfachste, große Lasten auf dem Wasser zu transportieren. Man konnte riesige Haufen Wolle auf ein Schiff laden und dieses Schiff dann mit ganz wenig Kraft lange Strecken ziehen. Adam Smith hatte diese Entwicklung mit eigenen Augen gesehen und konnte so seine Theorie darüber entwickeln, was passieren würde, wenn man auf diese Weise nicht nur Wolle, sondern alle Arten von Gütern transportierte.

Nicht ganz so eindeutig waren zu Adam Smiths Zeiten die Entwicklungen auf dem Gebiet der Freiheit, aber es gab sie trotzdem. Zwar durften die Menschen noch nicht tun, was sie wollten, aber die Bewegungsfreiheit vieler unfreier Landeskinder hatte sich verbessert. Und das hatte ebenfalls mit der wachsenden Textilindustrie zu tun.

Die Grafen, Herzöge und Fürsten merkten, dass sie mit Schafen und Wolle viel Geld verdienen konnten.

Viel Moos mit Wolle und Schafen!

Sie hielten auf ihrem Land so viele Schafe wie möglich und verkauften die Wolle an Händler, die diese Wolle dann zu den Spinnereien und Webereien transportierten, in denen sie zu Kleidern verarbeitet wurde. Das bedeutete aber, dass die Landeskinder, meist Bauern auf Selbstversorger-Höfen, Platz machen mussten für die Schafe und ihre Wolle. Oft wurden die Bauern regelrecht von ihrem Land vertrieben und mussten zusehen, woanders unterzukommen. Der Landesherr hatte also kein Interesse mehr an vielen seiner Untertanen, denn er konnte mit den Schafen und ihrer Wolle inzwischen mehr verdienen, als er durch die Abgaben der Bauern erhielt, und so kam es, dass die Bauern plötzlich mehr Freiheiten bekamen, als ihnen lieb war.

Sie hatten nun zwar mehr Bewegungsfreiheit, dafür aber keinen Hof mehr, von dem sie sich ernähren konnten. Und da die ehemaligen Bauern ja nicht mehr von ihrem Hof leben konnten, waren sie froh, wenn sie eine Arbeit bei der Herstellung von Kleidern aus der Wolle der Schafe fanden, um ihre Familien zu ernähren.

Die zweite wichtige Bedingung für die Marktwirtschaft, die Bewegungsfreiheit, war dadurch aber plötzlich erfüllt. Es war also beileibe kein Zufall, dass gerade Adam Smith die Vorteile von arbeitsteiliger Wirtschaft erkannte.

Smith ging aber noch weiter, als nur zu beschreiben, was er ohnehin sah. Damit meine ich nicht, dass er arbeitsteilige Wirtschaft als die Zukunft erkannte, denn dazu musste er eigentlich nur die Augen aufmachen. Und auch nicht, dass er erkannte, dass die Marktwirtschaft dabei war, sich auszubreiten, denn auch das war ohne weiteres zu erkennen. Nein, es geht mir um die Überlegungen Adam Smiths über das Verhältnis von Wirtschaft und Staat, denn darüber wird bis heute viel gestritten.

Im ersten Kapitel haben wir gesehen, dass die Wirtschaft und auch das Nachdenken über Wirtschaft eigentlich bis in die Zeit von Smith erweiterte Hauswirtschafts-Modelle waren. Denn wie bei einem Hof, auf dem der Chef des Hofes die Zuteilung der Arbeiter plant, sodass am Ende alle Arbeiten ausgeführt werden, ist es eigentlich auch noch in den ersten Wirtschaftsmodellen bis in die Zeit von Adam Smith: Ein Landesherr steuert und plant die Wirtschaft seines Landes, um sicherzustellen, dass die Wirtschaft bestmöglich organisiert ist. Er macht das, indem er z. B. Gesetze erlässt über Steuern auf bestimmte Produkte, indem er bestimmte Gewerbe oder bestimmte Anpflanzungen anordnet oder indem er an den Grenzen seines Landes hohe Zölle für manche Waren erhebt.

Adam Smith hielt das für veraltet. ▬▬▶ **Wer plant, verliert!** Er zeigte am Beispiel des Nadelmachers, dass man in einer Marktwirtschaft niemanden mehr braucht, um alles zu planen, da Angebot und Nachfrage zusammen mit der Preisbildung das viel besser können. Vor allem besser, als ein Staat das kann. Unser Beispiel vom Brötchenbäcker hat ja gezeigt, dass der Markt mit seinem Angebot und seiner Nachfrage ganz schnell herausfindet, wenn es zu viele Nadeln und zu wenig Brötchen gibt, und dass sich dieser Fehler dann von selbst korrigiert. Ein Staat kann nie so genau wissen und planen, wo wie viele Brötchen gebraucht werden.

Smith geht dann sogar noch einen kleinen, aber feinen Schritt weiter. Er schreibt in seiner Wirtschaftstheorie „Der Wohlstand der Nationen" nicht nur, dass man den Staat nicht mehr braucht, sondern dass der Staat eine funktionierende Marktwirtschaft sogar stört!

Adam Smith sagt: Jeder Eingriff des Staates stört das freie Spiel von Angebot und Nachfrage und damit die Wirtschaft. Denn diese erreicht ihr Ziel, also die allerbeste Herstellung und Verteilung von allen Waren, die benötigt werden, am besten, wenn der Staat sich so wenig wie möglich einmischt.

Gestritten wird bis heute darüber, ob man so weit gehen kann zu sagen, dass eine ganz freie Marktwirtschaft wirklich zu einer gerechten Verteilung der Güter und Waren führt. Aber darüber werden wir in den nächsten Kapiteln noch genug hören.

Worin besteht denn nun eigentlich das große Missverständnis, von dem ich am Anfang des Kapitels gesprochen habe? Ganz einfach: Smith wird bis heute unterstellt, dass er der Meinung war, dass die Marktwirtschaft am besten funktioniert, wenn jeder so egoistisch wie möglich nur an sich denkt und daran, wie er am meisten Gewinn für sich machen kann. Damit tut man ihm unrecht. Man kann zwar behaupten, dass das auch nicht ganz falsch ist, denn wir haben ja am Beispiel der Nadelmacher gerade davon gesprochen, wie wichtig bei Smith die Voraussetzung ist, dass jeder so viel Geld wie möglich verdienen will. Warum sonst sollte in unserem Beispiel der zweite Nadelmacher sich entschließen, das Nadelgeschäft aufzugeben und in das Brötchengeschäft einzusteigen? Richtig ist auch, dass Smith immer wieder vom Eigeninteresse spricht, dem jeder nachgeht.

Das Missverständnis liegt darin, dass Smith unter Eigeninteresse etwas anderes verstand als wir heute. Denn wer die Schriften von Smith genauer liest und vor allem auch seine moralphilosophischen Werke genauer liest, wird erstaunt feststellen, dass sich hinter dem Begriff von Eigeninteresse etwas ganz anderes verbirgt: nämlich die angeborene Sympathie, die jeder Mensch für seine Familie und seine Freunde empfindet. Und weil er diese Sympathie empfindet, will er gut für seine Angehörigen sorgen und hat deswegen ein Interesse daran, viel Gewinn zu machen.

Diese Sympathie, so sagt Smith, empfinden die Menschen sogar auch für alle anderen Menschen und deswegen muss der Staat sich gar nicht einmischen in das Marktgeschehen. Die Menschen werden nicht versuchen, sich zu übervorteilen oder zu betrügen. Denn die Sympathie für ihre Mitmenschen wird dafür sorgen, dass das Eigeninteresse den anderen Menschen nie schaden wird. Das wirft ein ganz anderes Licht auf Adam Smiths Wirtschaftstheorie! Im Zentrum steht eben *nicht* der grenzenlose Egoismus, der zum Glück aller führt, sondern die grenzenlose Sympathie für unsere Angehörigen und Mitmenschen.

Sind Kapitalisten böse?

In diesem Kapitel hat Greta etwas Besseres zu tun – auf jeden Fall taucht sie nicht auf. Stattdessen erscheint Peter, der vor allem Zahnschmerzen hat, und Karl Marx erklärt uns, was das Problem mit dem Kapitalismus ist.

Karl Marx ist so etwas wie der trotzige Zwillingsbruder von Adam Smith. Beide erzählen im Grunde genommen eine ähnliche Geschichte, nämlich die der Entstehung der Marktwirtschaft. Der Unterschied ist, dass es bei Adam Smith eine Erfolgsgeschichte ist, bei der am Ende alle glücklich und zufrieden sind, und bei Karl Marx eine Tragödie mit vielen Opfern.

Ich denke, wir sollten in diesem Fall mit der historischen Situation beginnen, in der Karl Marx seine Wirtschaftstheorien aufstellt, und uns dann ansehen, wie seine Theorie genau aussieht. ▬▬▬▶ **Karl Marx (1818 – 1883) war eigentlich kein Ökonom, sondern Philosoph und lebte etwa 100 Jahre nach Adam Smith.** Die Arbeitsteilung hatte inzwischen mehr und mehr Bereiche erfasst und längst wurden nicht mehr nur Kleider arbeitsteilig hergestellt. Aus den kleinen

Wollspinnereien und Webereien mit einer Handvoll Webern waren inzwischen große Fabriken geworden, in denen Hunderte von Arbeitern zusammenarbeiteten. Ein großer Teil der Waren, die man tagtäglich benötigte, wurde inzwischen von darauf spezialisierten Arbeitern hergestellt: Schuhe, Kochtöpfe, Taschen, Werkzeuge und vieles mehr. Diese Entwicklung war rasend schnell vonstatten gegangen und viele Menschen hatten sie wie eine Explosion erlebt.

Wie war es dazu gekommen? Das rasante Tempo ergab sich aus einer Art Kettenreaktion, bei der unaufhaltsam eines zum anderen führte. Angefangen hatte alles damit: Die aufblühende Textilproduktion, also Herstellung von Kleidung, suchte nach immer mehr und besseren Verkehrswegen, und da immer mehr Kleider produziert wurden, musste man sie in immer größeren Gebieten verkaufen. Da halfen auch die vielen Wasserkanäle in England nicht mehr. Irgendwann fand man eine Möglichkeit, die noch schneller und günstiger zu werden versprach: die Eisenbahn. Wenn man nämlich statt der teuren Wasserstraßen einfach zwei Stahlbänder über die Erde legt, kann man darauf unzählige Güterwaggons fahren lassen.

Dieser Überlandkanal namens Eisenbahn wäre jedoch ohne eine weitere Erfindung nicht denkbar gewesen. Erst durch die Dampfmaschine war es möglich geworden, große Massen über Land zu transportieren. Erst hatte man sie dafür genutzt, die Maschinen in der Textilproduktion anzutreiben, sodass nicht mehr alles von Menschenkraft bewegt werden musste. Aber nun begann man, die riesigen Kräfte der Dampfmaschinen zu nutzen, um die Züge an Land über die Schienen ziehen zu lassen. Als Dampflokomotiven waren diese Maschinen somit die Zugochsen in der immer arbeitsteiliger werdenden Wirtschaft.

Genau hier setzte nun die Kettenreaktion ein, von der ich gerade gesprochen habe. Gehen wir die einzelnen Glieder der Kette einmal durch:

Industrielle Revolution

Die Dampflokomotiven waren groß und stark, brauchten aber sehr viel Brennstoff. Steinkohle war ein geeigneter, da energiereicher Brennstoff. Da sie zum größten Teil jedoch weit unter der Erde lag, war es schwierig, sie zu nutzen. Mit der Kraft der Dampfmaschinen jedoch konnte man andere Maschinen bauen, die tief in die Erde eindringen und die Kohle heraufbefördern konnten. Außerdem brauchte man für den Bau von Maschinen und Lokomotiven große Mengen an Stahl. Auch der war bis zu diesem Zeitpunkt Mangelware gewesen, da man sehr viel Hitze braucht, um ihn aus Erz zu gewinnen. Da Steinkohle eine hohe Brenntemperatur hat, war aber nun auch das zu bewältigen. Das war gut so, denn es zeigte sich, dass für das immer weiter wachsende Netz von Schienen und Eisenbahnen immer mehr Stahl und außerdem immer mehr Kohle zum Betreiben der Lokomotiven gebraucht wurde. Dies wiederum bedeutete, dass mehr Kohle gefördert werden, also mehr Förderanlagen gebaut werden mussten. Dafür brauchte man Stahl, der außerdem wieder dorthin transportiert werden musste, wo er gebraucht wurde, und somit wieder Schienen und Lokomotiven nötig machte.

Es war dieser Kreislauf aus dem immer größer werdenden Bedarf an Stahl, Kohle und Maschinen, der die Entwicklung wie ein riesiges Schwungrad immer weiter beschleunigte, über Jahrzehnte hinweg. Die Entwicklung begann in England zu Zeiten Adam Smiths und setzte sich in Europa, in Deutschland, Frankreich, Belgien, Holland und schließlich in Amerika fort.

Man darf sich nicht vorstellen, dass es nur um Stahl und Kohle ging. Denn die Menschen, die in den neu entstehenden Fabriken ihren

Dampflok Puffing Billy

Dienst taten, hatten keine Zeit, sich selbst zu versorgen, da sie den ganzen Tag arbeiteten. Man musste alles, was sie zum Leben brauchten, in anderen Fabriken herstellen, eben Schuhe, Werkzeuge, Töpfe und Türklinken. So kam es zum unglaublich schnellen Wandel einer Welt, in der die meisten Menschen auf dem Land lebten und sich selbst auf Höfen versorgten, zu einer anderen Welt mit Marktwirtschaft. In dieser hatten sich viele Menschen spezialisiert und deswegen wurden fast alle Produkte des täglichen Lebens in Fabriken mit Maschinen und in Arbeitsteilung hergestellt.

Diese Entwicklung war für die Menschen überwältigend, denn viele erlebten, wie innerhalb ihres Lebens, also einer relativ kurzen Zeit, große Teile der Produktion von Handarbeit auf Maschinenarbeit umgestellt, also industriell gefertigt wurden. Aus diesem Grund wird diese Epoche heute die Zeit der industriellen Revolution genannt. Im Wort Revolution steckt nicht nur, dass all das neu war, sondern auch, dass die Veränderungen wie ein Umsturz erlebt wurden. Schließlich hatte sich in den Jahrhunderten davor vergleichsweise nichts geändert.

Ich habe vorhin gesagt, dass Marx diese Entwicklung äußerst negativ beurteilte. Aber warum? Adam Smith hatte doch recht gehabt? Die Arbeitsteilung hatte sich durchgesetzt und in der neuen Wirtschaftsweise wurde von allen Produkten mehr hergestellt als zur Zeit der Selbstversorgung. Oder, um es noch genauer zu sagen: Inzwischen arbeitete ein großer Teil der Menschen nicht mehr in der Landwirtschaft und den Selbstversorgerhöfen. Viele waren durch die Arbeitsteilung zu größerem Wohlstand gekommen, als das vorher der Fall war. Viele Menschen hatten nun so viel Geld, dass sie nicht mehr den ganzen Tag arbeiten mussten und nun Zeit für Dinge hatten, von denen man vor der Arbeitsteilung nicht einmal hätte träumen können. Sie lasen Bücher, machten Sport, unternahmen Wanderungen und Reisen oder machten Kammermusik mit Freunden. Außerdem hatte der Ausbau der Infrastruktur dazu geführt, dass man nicht mehr tagelang von einer Postkutsche durchgerüttelt wurde, wenn man Freunde in einem anderen Teil des Landes besuchen wollte. Nun konnte man in die Eisenbahn steigen, um in ein paar Stunden – statt nach Tagen – bequem das Ziel zu erreichen. War das etwa kein Fortschritt?

Nicht, wenn wir dies mit den Augen eines Arbeiters betrachten, sagt Marx. Beobachten wir einen Tag lang einen Arbeiter in der kapitalistischen Wirtschaftsordnung zu Zeiten von **Karl Marx.** Sein Name ist Peter und er arbeitet in einer Maschinenfabrik.

In der Fabrik

Mit seiner Frau Maria hat Peter drei Kinder im Alter von 4, 7 und 10. Leider gibt es nicht genug zu essen für den ganzen Tag, denn bald ist Monatsende und da wird das Essensgeld immer knapp. Die Familie wird also den ganzen Tag Hunger haben.

Peter wacht um 5.20 Uhr davon auf, dass er Zahnschmerzen hat.

Der Fußmarsch zur Fabrik dauert eine Stunde. Unterwegs überlegt er, was mit seinem Zahn passieren soll. Zum Zahnarzt kann er nicht gehen, das ist viel zu teuer. Wenn der Schmerz nicht aufhört, geht er nach der Arbeit bei einem Klempner vorbei, der im Notfall für wenig Geld den schmerzenden Zahn ziehen kann ...

Bei der Arbeit angekommen, schafft er es gerade noch, rechtzeitig durch das Werkstor zu schlüpfen. Er muss in eine Halle mit großen und lauten Maschinen.

Dort steht er an einer Rinne, in die flüssiger Stahl gegossen wird. Die so entstandene Stange zieht er mit einer Zange heraus und legt sie auf einen Wagen, bis der voll ist.

Dauernd läuft ihm Schweiß ins Gesicht. Dadurch sieht man nicht mehr gut und es können Unfälle passieren.

So geht das 12 Stunden lang.

Achtung: Der Kapitalismus ist alles schuld! Oder?

Der Tag ist zwar noch nicht ganz zu Ende, aber wir können uns den Rest des Tages von Peter ausmalen. Das Beispiel zeigt, wie es kommt, dass Marx in der Marktwirtschaft eine schlimme Entwicklung sah. Hätte Adam Smith noch gelebt, wer weiß, vielleicht hätte auch er seine Meinung geändert. Denn was Marx vor allem sah, war unglaubliches Elend in den Fabriken. Die frühere Landbevölkerung war inzwischen zu einem beträchtlichen Teil in die Städte zu den Fabriken gezogen. Diese Arbeiterschaft in den neuen Industrien war oft gezwungen, unter menschenunwürdigen Umständen mit ihren Familien zu leben, und sie waren den Fabrikbesitzern schutzlos ausgeliefert.

Das Leben der Arbeiter sah damals leider anders aus als heute! Heute muss man in Westeuropa als Arbeiter etwa acht Stunden am Tag arbeiten, an einem Arbeitsplatz mit vielen Sicherheitsvorkehrungen. Bei Krankheit bekommt man weiter sein Geld ausgezahlt und in der Regel verdient man so viel, dass man ordentlich davon leben kann.

Zur Zeit von Karl Marx mussten Arbeiter bis zu 18 Stunden am Tag arbeiten. Es gab weder ein freies Wochenende noch Urlaubstage noch eine Krankenversicherung. Sie verdienten so wenig Geld, dass sie kaum die Lebensmittel kaufen konnten, um ihre Familien zu ernähren. Das Schlimmste war jedoch, dass deswegen meistens auch schon die Kinder in der Fabrik arbeiten mussten, damit sich die Familie überhaupt über Wasser halten konnte. Wie sehr Karl Marx diese Beobachtungen aufgewühlt haben, können wir heute noch nachempfinden, wenn wir seinen Bericht aus dem Jahr 1867 lesen:

„(...) Um zwei (...) Uhr des Morgens werden Kinder von neun bis zehn Jahren ihren schmutzigen Betten entrissen und gezwungen, für die nackte Subsistenz bis 10 (...) Uhr nachts zu arbeiten, während ihre Glieder wegschwinden, ihre Gestalt zusammenschrumpft, ihre Gesichtszüge abstumpfen und ihr menschliches Wesen ganz und gar in einem steinähnlichen Torpor erstarrt, dessen bloßer Anblick schauderhaft ist."

Das alles sah Karl Marx in England, wo die Industrialisierung inzwischen am weitesten fortgeschritten war und wo er seit 1849 lebte. Er war tief erschüttert und es ist kein Wunder, dass er zu einer anderen Interpretation der wirtschaftlichen Entwicklungen kam als Adam Smith.

Das Gegenteil ist richtig, sagte Karl Marx den Anhängern Smiths. Der Beginn der arbeitsteiligen Marktwirtschaft ist nicht der Anfang einer Entwicklung ins Glück, bei der es allen Menschen immer besser gehen wird, sondern es ist der Beginn einer Wirtschaftsform, die dabei ist, uns alle zugrunde zu richten: Es ist der Beginn des Kapitalismus. Aber was soll das sein, der Kapitalismus? Diese Frage beantworten wir uns am besten, indem wir uns seine Entstehung und die damit für Marx verbundenen Probleme anschauen.

Marx stimmt mit Smith zunächst einmal überein, dass das Ende der alten Hofwirtschaft mit der Kleiderherstellung beginnt. Denn dazu wurde das Land gebraucht, das vorher von kleinen Selbstversorger-Bauern bewirtschaftet worden war. Aber Marx betonte, wie brutal diese Bauern meist von ihrem Land verjagt wurden. Als sie nicht wussten, wohin mit sich, und anfingen herumzuziehen, wurden sie durch Gesetze dazu gezwungen, schlecht bezahlte Arbeit in den ersten Kleiderfabriken anzunehmen. Die Not der landlosen Bauern war jedoch leider nicht das Schlimmste. Denn nebenbei entstand etwas, das die Menschheitsgeschichte mehr beeinflussen würde als alle Kriege zusammen: Der Kapitalismus war geboren.

Kann das Ansiedeln von ein paar Schafen auf einer grünen Wiese so große Folgen haben? Marx würde antworten: Ja, man kann diesen Vorgang gar nicht überschätzen. Er selbst nennt ihn sogar den Sündenfall der Menschheit.

In seinem großen Werk „Das Kapital" erklärt er, was er damit meint. Es geht nicht um ein paar Schafe auf der Wiese, schreibt er da, sondern es geht darum, dass zum ersten Mal in der Geschichte Menschen mit dem Besitz von Land Geld verdienen konnten, und damit kam eine neue Art von Gier in die Welt.

Natürlich verdiente der Landesherr durch die Steuern auch an seinem Land. Aber das war nicht viel und die Landeskinder hatten durch die Selbstversorger-Wirtschaft meist selbst genug zum Überleben. Sicherlich konnte der Landesherr besser leben als die Bauern und mancher konnte sich auch ein luxuriöses Leben leisten. Aber damit war das Geld in der Regel schon verbraucht, denn neben den eigenen Lebenshaltungskosten musste er z. B. auch noch die Verteidigung des Landes finanzieren.

Das alles änderte sich in dem Moment, als es einen großen Markt für Kleider gab und man Wolle verkaufen konnte. Denn wenn man mehr Kleider herstellte, als man selbst brauchte, konnte man den Überschuss verkaufen. Wenn man die Bauern vertrieb und das ganze Land für Schaf-

haltung nutzte, konnte man viel Wolle verkaufen und dementspre-
chend viel Geld verdienen. So viel Geld, dass man es nur schwer ausgeben konnte. ▰▰▰▰➤ **Wenn man dann auch noch große Manu-
fakturen, so hießen die ersten Fabriken, bauen ließ, in denen
die Wolle in Arbeitsteilung gesponnen und gewebt und die
Kleider genäht wurden, konnte man daran auch noch verdienen und so nach und nach große Mengen von Geld, also von
Kapital, ansammeln. Und nichts anderes als eine Anhäufung
von Geld bedeutet das Wort Kapital.**

Was ist bloß schiefgelaufen mit der Arbeitsteilung? Adam Smith
hatte doch beschrieben, wie diese zu immer mehr Wohlstand für alle
führt, da es mehr und mehr Güter und Waren für alle gibt. Das Problem
liegt nicht in der Arbeitsteilung, sagt Marx, sondern darin, dass sich die
Welt am Anfang des Prozesses in zwei Gruppen aufteilte. Die erste
besaß alles, was man brauchte, um Waren produzieren zu lassen – Marx
nennt das die Produktionsmittel; im Fall von Kleidern wäre das das Land
für die Schafe, die Fabriken und die Maschinen zum Spinnen, Weben
und Nähen. Die zweite Gruppe besaß nichts außer ihrer Arbeitskraft.
Man könnte jetzt mit Adam Smith einwenden, dass selbst das kein
Problem darstellen muss. Denn wenn die Arbeiter ihre Arbeitskraft verkaufen, können sie sich mit dem Geld alle zum Leben notwendigen
Waren kaufen. Der Besitzer der Produktionsmittel stellt diese zur Verfü-
gung und die Arbeiter bringen ihre Arbeitskraft ein. Gemeinsam würden
sie die Waren produzieren, die man braucht, damit alle gut leben können.

Aber genau da liegt der Hase im Pfeffer, sagte Marx. Denn die Besitzer der Produktionsmittel nutzen die Macht aus, die ihnen ihr Besitz
verleiht, und behalten einfach einen Teil des Geldes, das die Arbeit der
Arbeiter wert war. Die Folge davon sei, dass die Arbeiter deswegen nie
in die Lage kämen, sich selbst Produktionsmittel kaufen zu können.

➡➡➡ **Die Besitzer der Fabriken hingegen besaßen nicht nur sämtliches Kapital in Form von Produktionsmitteln, sondern konnten dieses immer weiter vergrößern, da sie einen Teil des Geldes, das jede Stunde Arbeit eines Arbeiters eigentlich wert war, einbehielten. Diesen einbehaltenen Teil nennt Marx den Mehrwert.**

Das bedeutet „Kapitalismus" für Karl Marx und für seine Anhänger bis heute. In der kapitalistischen Marktwirtschaft gibt es eine kleine Gruppe (die Klasse der Kapitalisten), die alle Produktionsmittel, also alle Grundstücke, Fabriken, Maschinen etc. besitzt, und eine große Gruppe (die Arbeiterklasse), die nichts besitzt außer ihrer Arbeitskraft. Wenn man die Dinge so sieht wie Marx, muss man Smith tatsächlich entgegenhalten: Arbeitsteilung und Marktwirtschaft führen nicht automatisch dazu, dass es allen besser geht, sondern genau zum Gegenteil: Einer immer kleiner werdenden Gruppe geht es immer besser, einer immer größer werdenden Gruppe immer schlechter. Doch kann diese Entwicklung ewig andauern?

Was sagen uns diese Überlegungen über die Zukunft des Kapitalismus? Ich habe am Anfang erwähnt, dass Marx von Beginn an sicherlich der umstrittenste ökonomische Denker ist. Gestritten wird interessanterweise weniger über seine Analyse des kapitalistischen Wirtschaftssystems, mit der bis heute viele Leute einverstanden sind, sondern vor allem über seine Vorstellung von der Zukunft des Kapitalismus, mit der heute nur noch wenige einverstanden sind. Denn er hat eine eindeutige Meinung darüber, wie diese Zukunft aussieht. Wir haben gesehen, dass Marx in der kapitalistischen Wirtschaft einen mörderischen Kampf zwischen zwei Klassen sieht, der erst beendet sein wird, wenn eine der beiden Seiten gewonnen hat. Gewinnen wird, darüber gibt es für ihn keinen Zweifel, am Ende die Arbeiterklasse.

Der erste Schritt hin zum Ende des Kapitalismus, sagt Marx, ist erreicht, wenn die Arbeiter nur noch so wenig verdienen, dass sie sich gerade noch das Allernötigste zum Überleben kaufen können. Denn dann fehlen den Kapitalisten die Käufer für die vielen Waren und Güter, die sie in ihren Fabriken herstellen. Wenn sich niemand mehr Handschuhe, Gartengeräte, Rodelschlitten und Küchentöpfe mehr leisten kann, dann wird es unmöglich für die Unternehmer, aus ihrem Kapital Profit zu machen. Oder, wie Marx es ausdrückt, dann sinkt die Profitrate. Das ist schlecht für beide Klassen, die besitzende und die besitzlose. Besonders schlecht natürlich für die besitzlose, da sie in unmenschlicher Armut dahinvegetieren muss, ohne einen Ausweg zu haben.

Schlecht für die Kapitalisten ist das aber auch. Marx sagt, dass es in dieser Situation automatisch dazu kommen wird, dass die Kapitalisten sich in einem grausamen Konkurrenzkampf selbst untereinander an den Kragen gehen. Denn die einzige Möglichkeit zu wachsen besteht für einen Fabrikanten darin, die Fabrik des Konkurrenten zu übernehmen.

Damit beginnt ein Übernahmekampf, bei dem eines von Anfang an klar ist: Er kann nicht ewig gehen. Darin besteht für Marx die Hoffnung auf die Überwindung des Kapitalismus. Die Kapitalisten sterben einfach aus, hofft Marx, da sie sich gegenseitig an den Kragen gehen. Wenn nach und nach eine Fabrik die andere übernimmt, dann werden die Fabriken zwar immer größer – die Anzahl der Kapitalisten wird aber auch immer kleiner.

Selbst wenn nur noch einige wenige übrig bleiben, werden sich diese wenigen so lange weiter Konkurrenz machen, bis sie die anderen Kapitalisten aus dem Weg geräumt haben. Sie werden entweder versuchen, die anderen Fabriken zu übernehmen, oder aber dafür sorgen, dass die Konkurrenzfirmen pleitegehen und schließen müssen. Ein System, das sich selbst entsorgt ...

> Marx sagt: Wenn man sich vorstellt, dass es anfangs in jeder Stadt eine Schuhfabrik gab, so wird der Konkurrenzkampf dafür sorgen, dass es bald nur noch eine große Schuhfabrik für fünf Städte und irgendwann logischerweise nur noch eine gigantische Schuhfabrik für das ganze Land gibt.

Ja, und dann? Am Schluss dieser dramatischen Entwicklung, sagt Marx, wird ein ganz undramatisches Ende stehen. Denn wenn nur noch ganz wenige Kapitalisten mit unglaublich großen Fabriken und Kapitalmengen der inzwischen riesigen Masse an Arbeitern gegenüberstehen, dann wird das Verhältnis zwischen diesen beiden Klassen so absurd sein, dass die Arbeiterklasse einfach mit den wenigen verbliebenen Kapitalisten das tut, was diese ursprünglich mit den Bauern gemacht haben: Sie enteignen, um dann selbst die Macht zu übernehmen.

Marx stellt sich vor, dass die Wirtschaft äußerlich dieselbe bleiben würde: mit Fabriken, Arbeitern und vielen Produkten, die in den Fabriken arbeitsteilig hergestellt werden.

Ihre Organisation aber wäre eine vollkommen andere, denn jetzt würde die Wirtschaft sozial organisiert. Niemand würde ausgebeutet. Marx nennt diesen Vorgang Sozialisierung. In einer sozialistischen Wirtschaft ist alles anders, sagt Marx. Zunächst einmal wird der Klassenkampf beendet sein. Das bedeutet, dass nicht eine Gruppe die Produktionsmittel besitzt, sondern dass alles allen gehört. Die Arbeiter in den Fabriken bestimmen selbst, wie viel sie produzieren, wie lange sie arbeiten, wie sie den Gewinn verteilen und unter welchen Bedingungen sie arbeiten wollen. Und alle Produkte, die hergestellt werden, werden gerecht unter allen verteilt, sodass alle von der arbeitsteiligen Wirtschaft profitieren.

Eine Sache würde in dieser sozialisierten Wirtschaftsform allerdings nicht funktionieren: die Marktwirtschaft. Warum? Erinnern wir uns an das Nadelmacher-und-Brötchenbäcker-Beispiel: Marktwirtschaft braucht neben Infrastruktur vor allem Unternehmer, die Geld verdienen möchten, egal ob als Bäcker, als Nadelmacher oder als Friseur. Das setzt aber die Möglichkeit von Privatbesitz voraus. Denn wenn alles allen gehört, ist privater Gewinn nicht möglich.

Kein privater Gewinn, niemand wird ausgebeutet, allen geht es gut: Das alles klingt verlockend, oder? Das klingt sogar so gut, dass es seit Marx viele Menschen auf der ganzen Welt gibt, die überzeugt sind, dass diese Entwicklung auch so stattfinden wird – oder zumindest stattfinden sollte. Vor allem im letzten Jahrhundert gab es auf der ganzen Welt Versuche in verschiedenen Ländern, dieser Entwicklung etwas nachzuhelfen, da man nicht abwarten wollte, bis das Ende des Kapitalismus von alleine eintritt.

Der folgenreichste Versuch fand in Russland statt, wo die Marxisten die Bevölkerung überzeugten, den Kapitalismus durch eine große sozialistische Revolution zu beenden. Dabei hatte es damals in Russland noch gar keinen richtigen Kapitalismus gegeben, da das Land noch kaum industrialisiert war. Ein anderer Versuch fand 40 Jahre lang in der DDR statt, darüber später mehr. Fast alle dieser Versuche sind letztlich gescheitert und inzwischen beendet. Der Kapitalismus hat sich als lebensfähiger erwiesen, als Marx dachte. Ob es doch noch zum Ende des Kapitalismus kommt, so wie Marx es sich vorstellte, bleibt abzuwarten.

Funktioniert Wirtschaft überall gleich?

In diesem Kapitel lernen wir endlich Gretas heiß geliebte Cousine Anna kennen und einen Mann namens Gustav Schmoller.

Dieses Kapitel handelt von einer fast vergessenen Denkrichtung, doch ich verspreche, dass es sich lohnt, weiterzulesen und Gustav Schmoller kennenzulernen. Adam Smith oder Karl Marx kennt jeder. Man weiß auch, dass sie wichtig für die Wirtschaftstheorie sind. Warum aber sollte man sich mit jemandem beschäftigen, der fast vergessen wurde? Eben weil er nur fast vergessen wurde. Wenn wir uns ansehen, bei welchen Gelegenheiten man sich heute an ihn erinnert, sollten wir hellhörig werden. ▪▪▪▶ **Die „Historische Schule der Nationalökonomie": So heißt die Denkrichtung, der Schmoller (1838 – 1917) zugeordnet wird, und sie taucht oft dann auf, wenn Ökonomen nicht mehr weiterwissen.** Das spricht dafür, dass Gustav Schmoller vielleicht zu Unrecht in Vergessenheit geriet. Zum Einstieg möchte ich aber erst wieder eine Geschichte von Greta erzählen.

Gretas Cousine

In den Ferien war Greta schon oft bei ihrer Cousine Anna auf dem Dorf.

Eines Tages zieht Anna in Gretas Stadt ...

Greta freut sich. Aber es zeigt sich bald, dass ihre Freundinnen „die Neue" ablehnen. Denn Anna kennt sich oft nicht aus ...

In der Straßenbahn:

TICKET

Im Kino:

He, weg da!

Schon mal was von Platzkarte gehört??

Greta steht Anna bei. Sie erklärt ihren Freundinnen die Gründe für das „eigenartige" Verhalten: Bei Anna auf dem Land gab es das alles nicht! Ans Stadtleben muss man sich erst gewöhnen.

Damit hätte die Geschichte ein gutes Ende gefunden. Sie führt uns auch direkt zu **Schmollers** Wirtschaftstheorie. Denn der befindet sich in einer ähnlichen Situation wie Greta mit ihrer Cousine und er verhält sich genau so, wie Greta sich verhalten hat.

Zuerst einmal stellt Schmoller fest, dass es auch in der Wirtschaft die „komischen Cousinen" gibt. Es ist nicht so, dass die Menschen überall auf der Welt auf dieselbe Art Wirtschaft betreiben, sagt Schmoller. Sie verhalten sich ja auch sonst nicht überall gleich.

So wie es Kinos mit und ohne Platzkarten gibt, oder so wie Menschen sich unterschiedlich fortbewegen, nämlich mit der Straßenbahn oder mit dem Auto oder mit dem Bus oder mit dem Fahrrad oder auf einem Maultier oder mit der U-Bahn, genauso unterschiedlich betreiben sie auch Wirtschaft. Vieles hängt davon ab, in welcher Umgebung sie aufwachsen und welche Lebenserfahrungen sie machen.

Und damit wendet er sich vor allem gegen Adam Smiths Wirtschaftstheorie. ▶▶▶ **Schmoller wundert sich darüber, wie man auf die Idee kommen kann, eine Theorie aufzustellen, nach der eine Wirtschaftsform für alle Menschen auf der ganzen Erde gelten soll.** Denn das war Smiths Anliegen gewesen, wie man z. B. dem Titel seines großen Werks „Der Wohlstand der Nationen" entnehmen kann: Denn mit der Mehrzahl „Nationen" meint er tatsächlich nicht bestimmte, sondern alle Nationen. Schmoller aber beharrt darauf, dass jeder seine ganz eigene Geschichte hat und dass die Menschen in so unterschiedlichen Traditionen aufwachsen, dass es gar nicht sein kann, dass alle Menschen gleich wirtschaften.

Was genau er damit meint, zeigt schon ein kurzer Blick in die Geschichte. Nehmen wir den Abt eines mittelalterlichen Klosters aus dem Jahr 1225 als Beispiel. Sicherlich existierte im 13. Jahrhundert kaum Arbeitsteilung und auch keine ausgeprägte Marktwirtschaft, da es weder eine geeignete Infrastruktur noch ausreichend persönliche Freiheitsrechte gab. Trotzdem müsste auch in dieser Zeit gelten, was laut Adam Smith für alle Menschen zu allen Zeiten gilt, dass nämlich alle Menschen zu jedem Zeitpunkt so viel Gewinn wie möglich machen möchten.

So verhält es sich aber nicht, würde Schmoller sagen, denn die Menschen im Kloster haben ihre eigenen Erfahrungen und Lebensgeschichten und werden deswegen sicherlich auch auf ihre eigene Weise wirtschaften. Denn der Abt, der ein Kloster leitet, hat ganz andere Interessen als ein Fürst; z. B. ist Bequemlichkeit für ihn und seine Mönche vermutlich kein Ziel im Leben, da die Klosterregeln ein einfaches und fleißiges Leben vorschreiben. Und auch die Einteilung seiner Arbeitskräfte, also der Mönche, wird anders aussehen als die eines Fürsten. Im Kloster muss genug Zeit bleiben für Gottesdienste und Gebete. Die Arbeitsstunden richten sich nicht nur nach der Leistungsfähigkeit der Menschen.

Und wer waren für Schmoller die unverstandenen Cousinen? Zum Beispiel die Handwerker. In der alten Welt lebten Handwerker meist in Städten dicht beieinander. Sie durften ihre Berufe nicht frei wählen, sondern mussten den ihres Vaters übernehmen. Das bedeutete, dass es immer gleich viele Schmiede, Schreiner und Bäcker in einer Stadt gab. Die Preise für die Waren waren ebenfalls festgeschrieben. Unter diesen Umständen war es für einen Handwerker nicht wichtig, schnell und billig seine Waren herzustellen, sondern es war viel wichtiger, die Waren so perfekt wie möglich nach allen Regeln der Kunst zu produzieren. Denn nur so konnte man sich von den anderen Handwerkern abheben und vielleicht dafür sorgen, dass man mehr verkaufte als die anderen Handwerker der Stadt. Und überhaupt spielte das Streben nach Gewinn wegen der festen Preise und der festen Zahl der Handwerker in einem Beruf keine so große Rolle. ▶▶▶▶ **Viel wichtiger für ein gutes Leben war, dass man einen guten Ruf in der Stadt genoss. Denn jeder kannte jeden. Man machte so der eigenen Familie und der Zunft des eigenen Handwerks Ehre.**

Dann jedoch brach die arbeitsteilige Marktwirtschaft über die Handwerker herein und es ging ihnen wie Gretas Cousine Anna. Sie mussten die beunruhigende Erfahrung machen, dass die meisten ihrer Erfahrungen nun nichts mehr wert waren – es zählte nicht mehr, das Handwerk perfekt auszuüben, sondern es musste schnell gehen. Es war nicht mehr wichtig, einen guten Ruf zu haben, um von seiner Arbeit gut leben zu können, sondern man musste den Gewinn steigern. Das Schlimmste aber war, dass die Handwerkskunst selbst nicht mehr viel wert war. Denn die Anfertigung von Schränken oder Schuhen wurde in Fabriken in viele kleine Arbeitsschritte aufgeteilt, die von Leuten ausgeführt werden konnten, die das Handwerk nie gelernt hatten. Nur die wenigsten Handwerker schafften es, sich auf die neuen Bedingungen einzustellen – die meisten gerieten in Armut und wussten nicht, wie sie das Überleben ihrer Familien und Mitarbeiter sichern sollten.

Was zeigt uns das? ▶▶▶▶ **Schmoller sagt, dass es keine allgemeingültigen Regeln dafür gibt, wie Wirtschaft funktioniert. Es gehört mehr dazu als Infrastruktur und Freiheitsrechte, um Wirtschaft erklären zu können. Es gehört auch dazu, aus welcher Kultur jemand kommt, es gehört dazu, welche Erfahrungen jemand gemacht hat, welche Gewohnheiten und**

Traditionen er mitbringt und was er für wichtig hält im Leben. Wenn man Wirtschaft erklären will, dann kann man dies nicht anhand von allgemeingültigen Regeln tun. Man muss sich hingegen die Mühe machen, die Vorgeschichte jeder einzelnen wirtschaftlichen Situation zu untersuchen. Erst dann kann man erklären, wie es zu dieser Situation kam.

Was der Bauer nicht kennt, das „frisst" er nicht!

Jetzt wird klar, warum sich diese Schule die „Historische Schule der Nationalökonomie" nennt. Denn ihre Überzeugung ist es, dass man wirtschaftliche Verhältnisse nur verstehen kann, wenn man sich die jeweilige Geschichte dazu ansieht.

Neben den Handwerkern setzte sich Gustav Schmoller außerdem unermüdlich für die Arbeiter in den Fabriken ein, allerdings anders als Karl Marx. Im Gegensatz zu Marx war Schmoller kein prinzipieller Gegner der Marktwirtschaft und der Arbeitsteilung. Vollkommen einig war er sich mit Karl Marx nur in einem Punkt: Das Elend der Arbeiter in den neuen kapitalistischen Industrien war unerträglich. Genau wie Marx sah er die zerlumpten Existenzen in den überfüllten Hinterhöfen der Mietskasernen, die Kinder ohne Bildung und die unerträgliche Armut. Wie bei den Handwerkern versuchte er auch in diesem Fall, die Öffentlichkeit zu überzeugen, dass die Arbeiter ohne eigenes Verschulden in diese missliche Lage gekommen waren und dass man ihnen helfen müsse. Denn wenn man sich in diesem Fall die Vorgeschichte ansieht, so Schmoller, erkennt man, wie die Arbeiter in diese Lage kommen konnten.

Schließlich ging es den deutschen Arbeitern im Grunde ähnlich wie zu Zeiten Adam Smiths den englischen: Die meisten von ihnen hatten ursprünglich in der Landwirtschaft gearbeitet. Die Großgrundbesitzer hatten durch die Entstehung der Märkte und der Infrastruktur erkannt, dass man mit dem Land und der Landwirtschaft viel Geld verdienen konnte. Dazu musste diese nur etwas straffer organisiert werden, um mit weniger Personalkosten Nahrungsmittel effizienter produzieren zu können. Die Anbaumethoden wurden verbessert, vor allem aber wurde die Arbeit durch Arbeitsteilung und Maschinen auch in der Landwirtschaft auf immer weniger Menschen verteilt. Die übrigen waren gezwungen, sich nach anderer Arbeit umzusehen, und landeten meist in den Städten als Arbeiter in Fabriken. Dort waren sie den oft skrupellosen Fabrikanten ausgeliefert, die das Elend ausnutzten und so wenig Lohn zahlten, dass es zum Leben nicht reichte und zum Sterben doch zuviel war.

Kann man so ein Problem lösen? Schmoller sagt: Man kann nicht nur, sondern man muss sogar. Hier unterscheidet er sich radikal von Marx, der vor allem vorgeschlagen hatte abzuwarten, bis sich der Kapitalismus von selbst erledigt. Marxist war Schmoller also nicht. Er war jedoch auch kein Smith-Anhänger, denn er forderte, dass es höchste Zeit sei, Schluss zu machen mit der romantischen Idee von der unsichtbaren „Gotteshand" der Marktgesetze. Die Menschen müssen die Lösung der Probleme selbst in die Hand nehmen, war Schmollers Überzeugung.

Marktwirtschaft und Kapitalismus sind gut, aber nur, wenn ein starker Staat im Hintergrund sich um die Verlierer kümmert und dafür sorgt, dass niemand dabei unter die Räder gerät.

Schmoller sagt: Es genügt nicht, darauf zu vertrauen, dass die Marktgesetze das Geld und die Waren gerecht in der Gesellschaft verteilen, sondern darum müssen sich die Menschen selbst kümmern. So wie sie sich ja auch um die Müllabfuhr kümmern und nicht darauf vertrauen, dass eine unsichtbare Hand den Müll irgendwann abholt.

Schmoller hat tatsächlich viel erreicht. Da er mit Abstand der mächtigste Ökonom seiner Zeit war, wurde seine Stimme auch gehört. Es ist kein Zufall, dass genau zu seiner Zeit die bis heute wichtigsten Gesetze zum Schutz der Arbeiter erlassen wurden. Die schlimmste Not war damit tatsächlich behoben: Es gab nun zum ersten Mal eine Unfall- und Krankenversicherung, die dafür sorgte, dass nach einem Unfall oder im Krankheitsfall der Arbeiter und seine Familie weiterversorgt wurden, bis er wieder gesund war. Außerdem gab es nun eine Rentenversicherung, die sicherstellte, dass die Arbeiter, wenn sie im Alter nicht mehr arbeiten konnten, eine Rente bekamen und nicht einfach entlassen wurden und ohne Einkommen dastanden.

Trotzdem ist Schmoller heute fast vergessen. Es gibt jedoch inzwischen immer mehr Ökonomen, die sich dafür einsetzen, dass Schmoller wiederentdeckt wird. Sie sagen, dass man von Schmoller immer dann lernen kann, wenn Menschen sich in der Wirtschaft anders verhalten, als es die Marktgesetze eigentlich vorschreiben. Wenn sie Entscheidungen treffen, die im Grunde unwirtschaftlich sind: zum Beispiel Kaffee aus fairem Handel zu kaufen, der etwas teurer ist. Das ist mit Adam Smith schwer zu erklären, weil man in dem Moment nicht auf den eigenen Gewinn achtet.

Handeln Menschen nach Naturgesetzen?

In diesem Kapitel ist Greta genervt, dass sie dreimal das gleiche Handy geschenkt bekommt, findet aber eine Lösung für das Problem. Und Carl Menger behauptet, dass wir alle auf dieselbe Lösung gekommen wären.

Unsere Reise durch die Geschichte des ökonomischen Denkens hat uns nun schon durch viele unterschiedliche Gebiete geführt. Wenn man von unserem heutigen Denken über Wirtschaft ausgeht, könnte man sagen, dass wir mit diesem Kapitel einbiegen in eine Straße, die von nun an 100 Jahre lang immer breiter wird und auf geradem Weg zu uns führt. Nennen wir diese Straße die „Allee der Neoklassik" und für diese Denkrichtung steht vor allem Carl Menger.

▸▸▸▸ **Carl Menger (1840–1921) war zwar ein Zeitgenosse von Gustav Schmoller, aber eines steht fest: Er ist nicht in Vergessenheit geraten und wird bis heute als einer der wichtigsten Ökonomen der letzten 150 Jahre betrachtet.** Um zu verstehen, was seine Gedanken zur Wirtschaft ausmachen, bleiben wir am besten noch eine Weile bei Gustav Schmoller. Denn das meiste, was Menger sagt, ist eine direkte Kritik an Schmollers Vorstellungen von Wirtschaft.

Bleiben wir aber der Einfachheit halber doch auch bei Greta und ihrer Cousine: Was hätte Carl Menger zu diesem Beispiel gesagt? Vermutlich hätte er höflich bemerkt, dass es sicherlich eine nette Geschichte ist, dass sie leider aber nichts darüber aussagt, wie Wirtschaft funktioniert. Gut, Schmoller liegt nicht ganz falsch – hätte Menger gesagt. Fast alles, was Menschen tun, sei von der Kultur abhängig, den Traditionen und Gewohnheiten, in denen sie aufwachsen. Und deswegen machen Menschen die meisten Dinge – von der Erziehung der Kinder übers Kochen und Essen bis hin zum Feiern von Hochzeiten – immer ein bisschen anders.

Für das wirtschaftliche Verhalten der Menschen aber gilt dieser Grundsatz nicht. Schließlich, so würde Menger sagen, gibt es noch andere Dinge, die die Menschen überall gleich ausführen, egal aus welcher Kultur sie kommen oder welche Geschichte sie hinter sich haben. Sowohl ein australischer Krokodiljäger als auch ein österreichischer Postbeamter lachen, wenn sie etwas lustig finden. Denn so viele kulturelle Unterschiede es zwischen den Menschen auch geben mag, so viele Gemeinsamkeiten weisen sie doch auch auf. Wirtschaftliches Handeln ist eine dieser Gemeinsamkeiten. Denn die Unterschiede liegen nur an der Oberfläche, sagt Menger. Viel interessanter für die Wirtschaftswissenschaft sei, dass Menschen, wenn sie wirtschaftlich handeln, sich in den meisten Fällen gleich verhalten.

Passender als das Cousinenbeispiel, könnte Menger sagen, ist die folgende Geschichte, die nicht von Menschen, sondern von Möwen handelt und in einem Hafen spielt.

Möwen

Im Hamburger
Hafen ...

Was macht der Fischer
da? Er bewegt die Arme
wie ein Raubvogel seine
Flügel ...

Die Möwen drehen ab.
Sie hoffen auf Fischabfälle
von einem anderen Kutter.

Das wirtschaftliche Handeln von Menschen ist mit dem Verhalten der Möwen vergleichbar, würde Menger sagen. Natürlich könnten wir uns darüber streiten, wie unterschiedlich die Möwen abgedreht sind: die einen schnell, die anderen langsam, die einen mehr nach rechts und die anderen mehr nach links. Aber ist das nicht egal? Viel interessanter ist doch, dass sich ihr Verhalten im Großen und Ganzen gleicht.

Was zeigt uns dieses Beispiel der Möwen, die verschwinden, wenn sie einen Mann sehen, den sie für einen Raubvogel halten und der die Arme auf und ab bewegt? Können wir auch Regeln dafür finden, wann und warum Menschen etwas kaufen, verkaufen, sparen und produzieren? Hier kommt Menger der Theorie von Adam Smith wieder sehr nahe, denn auch er behauptet, dass sich Menschen in einem Markt nach den Regeln des Marktes verhalten. Bei Smith waren das vor allem die Regeln von Angebot und Nachfrage. Weil Smith und seine Schüler zur Zeit Mengers schon als Klassiker bezeichnet wurden, nennt man die Menger-Schule deswegen bis heute die der Neoklassiker.

Aber wie sieht die Theorie Mengers aus, mit der er für alle Menschen insgesamt erklären will, wie sie sich verhalten? Menger kritisierte zunächst einmal Schmollers Vorgehensweise, denn es sei gar nicht nötig, die einzigartige Vorgeschichte einer jeden wirtschaftlichen Situation zu kennen, um sie verstehen und erklären zu können.

Stattdessen sollten wir von den Naturwissenschaften lernen. Denn diese finden Gesetze und Regeln, nach denen alle Situationen eines bestimmten Typs zu erklären sind. Naturwissenschaftler gehen dabei in folgenden Schritten vor: Sie beobachten nicht nur eine bestimmte

Situation, sondern ganz viele ähnliche Situationen. ▬▬▶ **Galilei sah sich ein Pendel so oft an, bis er eine erste Idee hatte, nach welchem Gesetz es sich bewegen muss. Er formulierte eine Theorie und überprüfte diese anhand weiterer Beobachtungen. Genauso muss sich der Ökonom verhalten, sagt Menger.** Er soll ökonomische Situationen so lange beobachten, bis er eine Idee hat, welche Regel allen gemeinsam zugrunde liegen könnte. Er kann dann zunächst eine Theorie formulieren und diese an weiteren ähnlichen Situationen überprüfen. Wenn sich immer wieder bestätigt, dass die Theorie richtig ist, kann er schließlich eine Art Gesetz aufstellen, nach dem sich alle diese Situationen abspielen müssen. So eine Wissenschaft, sagt Menger, ist viel fruchtbarer als das Schmoller'sche Beschreiben eines einzelnen Falles. Denn mit *einem* Gesetz kann ich dann alle ähnlichen Situationen erklären!

Wir werden ja sehen, ob uns der Kern von Mengers ökonomischem Denken überzeugt: die Grenznutzenlehre. Menger meinte, damit eine Regel gefunden zu haben, mit der er fast alle Fälle von wirtschaftlichem Handeln erklären kann. Denken wir nur an einen ganz normalen Tag: Wir kaufen uns morgens ein Busticket, gehen mittags in die Kantine und kaufen auf dem Nachhauseweg in einer Secondhandbücherei einen gebrauchten Krimi. Das sind viele Situationen, die sich eigentlich alle nur aus unserer persönlichen Vorgeschichte erklären lassen. Warum lieben wir Krimis, warum mögen wir mittags keinen Nachtisch und warum fahren wir nicht mit dem Taxi?

Menger sagt trotzdem: Diese Situationen folgen alle seiner Grenznutzentheorie! Der grundlegende Gedanke dieser Theorie ist, dass alle Menschen Bedürfnisse haben. Um diese Bedürfnisse zu stillen, werden sie wirtschaftlich aktiv. Das klingt schon überzeugender, denn es deckt sich mit unserer Definition von Wirtschaft aus dem ersten Kapitel: Wirtschaft bedeutet, dass Menschen Güter herstellen oder verteilen, die knapp sind, die sie aber zum Leben brauchen. Wenn wir das Bedürfnis nach Essen haben, suchen wir einen geeigneten Laden und kaufen z. B. einen Apfel, und wenn wir das Bedürfnis nach Lektüre haben, kaufen wir einen Krimi.

Aber bringt uns diese Erkenntnis etwas, um besser zu verstehen, wie Wirtschaft funktioniert? Ja, sagt Menger, weil diese Bedürfnisse alle Wirtschaftsprozesse steuern. Es gab zwar zu Zeiten Carl Mengers keine Handys, aber ich denke, er wäre einverstanden mit dem folgenden kleinen Beispiel zur Erläuterung seiner Theorie.

Vielleicht lese ich gerne Krimis, weil ich, im Gegensatz zu meinem Bruder, immer schon am liebsten spannende Geschichten gelesen habe. Mein Bruder dagegen liest überhaupt nicht gerne, nicht einmal Zeitung. Und Nachtisch mag ich vielleicht nicht, weil ich als Kind bei meiner Großmutter so oft Nachtisch essen musste, obwohl ich schon satt war. Kaum zu glauben, aber bis heute kann ich keinen Nachtisch mehr sehen! Oder nur noch bestimmte Arten von Nachtisch, die es bei meiner Oma nicht gab wie z. B. Crème brulée oder eine weiße Mousse au chocolat … Und warum sollte ich nicht lieber mit dem Bus fahren als mit dem Auto, weil mir meine Tante einmal erzählt hat, dass der Bus das sicherste Verkehrsmittel in der Stadt ist? Ob das wirklich stimmt, weiß ich bis heute nicht, aber das Busfahren habe ich mir deswegen trotzdem angewöhnt. Wie soll Menger das alles von mir wissen?

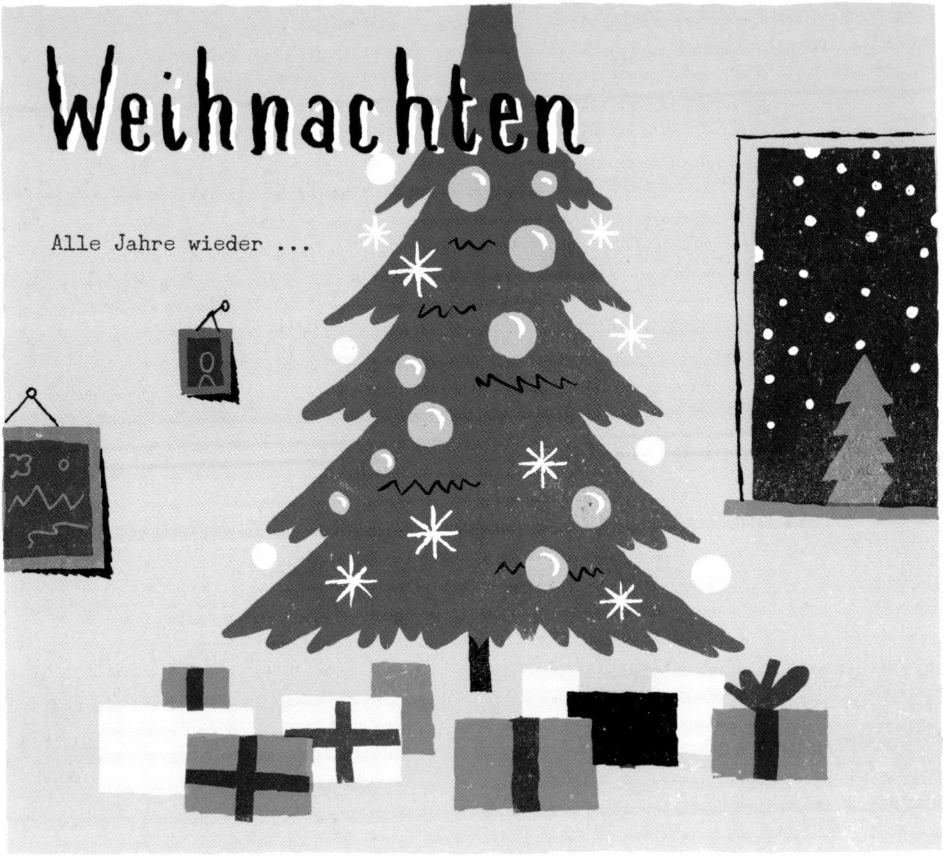

Weihnachten

Alle Jahre wieder ...

Das darf doch nicht wahr sein ...

Deprimiert trifft Greta sich am nächsten Tag mit ihren zwei besten Freundinnen und es zeigt sich, dass es denen genauso erging. Die eine Freundin, Paula, hat sage und schreibe dreimal die neue CD ihrer Lieblingsband und Johanna, die Dritte im Bunde, drei Gutscheine fürs Kino bekommen. Alle sind niedergeschlagen.

Schließlich kommen alle drei auf dieselbe Idee: Greta hat Johanna und Paula je ein Handy vermacht, Johanna hat den beiden anderen je einen Gutschein gegeben und Paula hat ihre CDs verteilt. Alle sind glücklich!

Wer nicht hat, der hat schon ...

Genauso funktioniert Wirtschaft, würde Menger jetzt ausrufen. Die Bedürfnisse regeln alles. Denn was ist genau geschehen? Paula hat drei CDs. Welche Bedürfnisse kann sie damit befriedigen? Das ist unterschiedlich, denn mit der ersten CD kann sie ein sehr starkes Bedürfnis befriedigen: endlich die neue CD hören zu können. Die zweite CD könnte Paula in den Schrank legen, für den Fall, dass die erste kaputtgeht. Das ist zwar kein starkes Bedürfnis, aber immerhin ist es gut zu wissen, dass man die CD auch noch hören kann, wenn die erste einen Kratzer bekommen hat und springt. Die dritte CD kann Paula aber wirklich nicht mehr gebrauchen.

Wir können also sagen, dass der Nutzen der CDs zur Bedürfnisbefriedigung mit jeder weiteren rapide abnimmt. Genauso ergeht es auch Greta und Johanna. Als sie sich nach Weihnachten treffen, bemerkt Paula, dass das Bedürfnis nach einem Kinogutschein und einem Handy bei ihren Freundinnen viel größer ist als nach einer zweiten und dritten CD. Wenn wir die Tauschaktion als wirtschaftlichen Vorgang betrachten, dann hat Menger recht: Die Bedürfnisse haben von vornherein festgelegt, wie wirtschaftlich gehandelt wird. Die Mädchen haben jedes Mal abgewogen: Wie hoch ist der Nutzen, den ich von einem Produkt habe? Und wenn man mehrere Exemplare desselben Gutes besitzt, dann kann man sagen, dass der Nutzen dieser Produkte so groß ist wie das Bedürfnis, das man mit dem letzten der Exemplare, in Paulas Fall also der dritten CD, befriedigen kann. Da Menger das letzte Exemplar gewissermaßen als die „Grenze der Exemplare" sieht, nennt er diesen Nutzen kurzerhand den Grenznutzen.

Jetzt sind wir im Kern von Mengers Lehre angekommen:

Wir können jede wirtschaftliche Tätigkeit damit erklären, dass Menschen verschieden wichtige Bedürfnisse der Reihe nach befriedigen möchten: Erst die wichtigsten wie Nahrung, Wohnung und Kleidung. Dann die weniger wichtigen wie Komfort und Bequemlichkeit. Am Schluss kommen dann die Bedürfnisse nach reinen Luxusartikeln.

Ob das wirklich funktioniert? Gehen wir einmal von dieser Annahme aus: Alle wollen zuerst essen und trinken, ein Dach über dem Kopf haben, und wenn sie dann noch Geld haben, wollen sie *gut* essen und *gut* wohnen und am Schluss wollen sie eine Zweitwohnung und einen Ferrari mit goldenem Lenkrad. Das war nie anders. Um es noch einmal auf den Punkt zu bringen: Menger sagt, dass es immer noch vieles am Menschen gibt, worin er sich von anderen Menschen unterscheidet: seinen Musikgeschmack, seinen Humor oder seine Zuverlässigkeit. **Aber: Der Teil des Menschen, der wirtschaftlich handelt, der funktioniert bei allen Menschen gleich. Ökonomen nennen diesen Teil des Menschen seit Mengers Zeiten auch den „Homo oeconomicus", was so viel wie „Wirtschafts-Mensch" bedeutet.**

Erinnern wir uns hier noch einmal an die Radfahrer-Truppe aus dem ersten Kapitel. Wir haben an diesen Abenteurern verstanden, worum es bei Wirtschaft ganz generell geht: um die Versorgung der Menschen mit den knappen Gütern, die sie zum Leben brauchen. Mit Mengers Grenznutzentheorie könnten wir jetzt jeden einzelnen Schritt, den die Truppe auf dem Weg zum Überleben als Selbstversorger geht, ziemlich

Vom Haare-schneiden allein kann man nicht leben!

genau vorhersagen, denn auch hier werden die Bedürfnisse der Dringlichkeit nach von unten nach oben abgearbeitet: Essen, Trinken, Wärme, Wohnen, Bequemlichkeit und am Ende vielleicht sogar Luxus.

Viel spannender ist aber die Anwendung der Grenznutzenlehre auf Adam Smiths Theorie der Marktgesetze. Smith behauptete, dass der Markt nach Regeln funktioniere und dass die optimale Verteilung der Güter auf alle Marktteilnehmer durch eine wundersame unsichtbare Hand geregelt werde. Allerdings konnte Smith keinen guten Vorschlag dafür machen, wie diese unsichtbare Hand arbeitet. Carl Menger schlägt eine Antwort vor, die viel weiter geht als Smiths Theorie. Menger stellt nicht nur fest, dass der Markt funktioniert, sondern er erklärt uns auch noch, wie. Er geht mit uns über den Markt und zeigt uns, wie sich die Güter dort unwahrscheinlich schnell auf optimale Weise verteilen. Das funktioniert so, wie wir es am Beispiel der Weihnachtsgeschenke gesehen haben: Jeder Marktteilnehmer bringt nicht nur das mit, was er anzubieten hat, sondern auch bestimmte Bedürfnisse. Jeder tauscht die Güter, die er hat, die aber seine dringendsten Bedürfnisse nicht befriedigen können, gegen die Waren ein, die das können. Der Bäcker kommt mit 200 Broten auf den Markt. Zwei davon braucht er dringend selbst, um satt zu werden, die anderen sind aber zunehmend nutzlos für ihn. Deswegen tauscht er sie gegen Waren, die seine dringendsten Bedürfnisse stillen können: Wein, Schuhe oder eine Mütze. Wenn jemand gelernt hat, Haare zu schneiden, dann kann er damit kein einziges seiner eigenen Grundbedürfnisse stillen. Er wird seine Fähigkeit also auf den Markt bringen und sie über den Umweg des Tauschmittels Geld gegen die Dinge eintauschen, die er dringend braucht. Genauso macht es jemand, dessen Bedürfnisse schon weitestgehend befriedigt sind und dem vielleicht nur noch einfällt, dass er sich die Haare wieder einmal schneiden lassen könnte: Er trägt das Geld, mit dem er nichts mehr anfangen kann, da er schon alles besitzt, auf den Markt und tauscht es gegen die Fähigkeiten des Friseurs. Mit seiner Theorie kann Menger uns also tatsächlich ziemlich genau erklären, was in der Wirtschaft passiert, vor allem in der Marktwirtschaft, und es gelingt ihm zu zeigen, dass der freie Markt ideal ist, um die vorhandenen Güter nach unterschiedlichen Bedürfnissen zu verteilen. So gut könnte das kein Mensch planen!

Hier stellt sich natürlich dieselbe Frage wie bei Adam Smith: Wird es in so einem solchen freien Markt allen gleichermaßen gut gehen? Diese Frage kann Menger leider auch nicht erschöpfend beantworten. Beide Theoretiker können zwar mehr oder weniger überzeugend zeigen, dass der Markt bei der optimalen Verteilung von knappen Gütern sehr gut funktioniert. Aber offen bleibt die Frage, ob er für alle Marktteilnehmer funktioniert.

Alles auf einmal!

In diesem Kapitel bekommen Greta und ihre Cousine Nachhilfe in Mathematik und verstehen am Ende trotzdem nichts. Nicht schlimm, denn Walter Eucken und Ludwig Erhard finden deswegen heraus, dass man an manchen Weggabelungen nach einem dritten Weg suchen muss, und erfinden so die Soziale Marktwirtschaft.

Weißt du, was Soziale Marktwirtschaft ist? Nein? Macht nichts. Denn die Soziale Marktwirtschaft gehört zu den eigenartigen Dingen, von denen jeder schon einmal gehört hat, aber kaum jemand weiß, was es damit auf sich hat. Das wollen wir in diesem Kapitel ändern. Vielleicht vorab schon einmal so viel: Nach dem Zweiten Weltkrieg wurde in Deutschland ein Wirtschaftssystem erfunden und eingeführt, das bis heute funktioniert: die Soziale Marktwirtschaft. Sie entstand in einer Situation, in der man in Deutschland weder ein noch aus wusste. Ungefähr so: Jemand hat sich im Wald verlaufen und steht an einer Weggabelung. Zunächst folgt er dem rechten Weg und merkt, dass der nirgends hinführt. Dann versucht er es mit dem linken Weg und stellt bald fest, dass auch dieser nicht weiterführt. So fühlten sich die Menschen

nach 1945 in Deutschland, als die Frage nach dem richtigen Wirtschaftssystem gestellt wurde.

Um zu verstehen, welche beiden Wege gemeint sind, müssen wir
uns zunächst klarmachen, in welcher schwierigen Lage sich die Menschen und das Land befanden. ▬▬▶ **Im Jahr 1945 war der
Zweite Weltkrieg zu Ende, Historiker haben diese Zeit als die
Stunde null bezeichnet. *Stunde null* trifft die Situation gut,
denn alles war für einen Moment zum Stillstand gekommen,
als der Krieg, den Deutschland in die ganze Welt getragen
hatte, von den Alliierten beendet wurde.** Wirtschaftlich bedeutete
die *Stunde null* einen Rückfall in die Zeit, bevor das Geld erfunden
wurde. Die komplizierte und raffinierte Wirtschaft des Kapitalismus mit
seinen Industrien und Finanzmärkten war verschwunden. Wie vor Tau-
senden von Jahren betrieben die Menschen plötzlich wieder Tausch-
wirtschaft, in der Waren direkt getauscht wurden.

Die Leute bauten in ihren Gärten und in den Parks der Städte Gemüse an. Im Zentrum von Berlin auf der Prachtstraße Unter den Linden
weideten Kühe. Wie war es so weit gekommen? Durch den Krieg war
viel zerstört worden und viele Fabriken und große Teile der Verkehrswege waren nicht mehr intakt. Heute wissen wir aber, dass das nur die
halbe Wahrheit ist. Die Zerstörungen waren zwar schwer, aber der
größte Teil der Fabriken und der Infrastruktur war immer noch funkti-
onsfähig. Das eigentliche Problem war ein anderes: Niemand wollte
mehr in den Fabriken arbeiten, obwohl die Arbeitslosigkeit und die
Armut groß waren. Denn das Problem bestand nicht darin, dass nichts
mehr produziert werden konnte, sondern darin, dass niemand mehr Interesse hatte, in den Fabriken zu arbeiten. Das hatte vor allem zwei
Gründe: Erstens war das Geld nichts mehr wert und zweitens war für
die lebenswichtigsten Produkte der Markt abgeschafft worden.

Das klingt erst einmal unverständlich. Aber wir werden mehr verstehen, wenn wir die Zusammenhänge an unserem Beispiel aus dem Kapitel über Adam Smith und die Entstehung der Marktwirtschaft durchspielen. Eine der wichtigsten Bedingungen für die Entstehung der Marktwirtschaft war die Verwendung von Geld. Wenn wir an den Stecknadelmacher denken, wird klar, dass er nur dann den ganzen Tag Stecknadeln herstellen kann, wenn er weiß, dass er die Nadeln am Abend gegen Geld tauschen und sich dann all die Dinge besorgen kann, die er zum Leben braucht. Und Marktwirtschaft funktioniert nur, wenn sich die Preise durch das Verhältnis von Angebot und Nachfrage bilden. Denn nur in diesem Fall werden Produkte zu möglichst niedrigen Preisen hergestellt. Auch das hat uns schon der Stecknadelhersteller gezeigt: Er bemerkte, dass das Angebot an Stecknadeln zu groß ist, als er seine Nadeln nicht mehr zum üblichen Preis verkaufen konnte. Er stoppte die Nadelproduktion, was den Preis für den anderen Nadelmacher wieder erhöhte. Stattdessen begann er, etwas zu produzieren, bei dem der Bedarf größer war als das Angebot: Er backte Brötchen.

Damit verstehen wir die Probleme im Jahr 1945 besser. Diese bestanden vor allem darin, dass das Geld als Tauschmittel und folglich auch das Prinzip der Preisregulierung über Angebot und Nachfrage nicht mehr funktionierte.

Geld existierte zwar, es war aber fast nichts mehr wert, da der Staat für den Krieg viel mehr Geld ausgegeben hatte, als er besaß. Schließlich begann er, einfach Geld zu drucken. ▬▬▶ **Für Geld gilt das Gleiche wie für Waren: Gibt es zu viel, verliert es an Wert. Am Ende des Krieges war es nur noch so wenig wert, dass es sich kaum lohnte, dafür zu arbeiten. Denn vom eigenen Lohn konnte man sich ohnehin nicht viel kaufen.** Das erklärt, warum niemand Interesse daran hatte, die Arbeit in den Fabriken wiederaufzunehmen. Es war besser, zu Hause zu bleiben und Selbstversorgerwirtschaft zu betreiben. Außerdem waren im Krieg alle lebenswichtigen Produkte wie Essen, Kleidung oder Kohle sehr knapp geworden. Um zu verhindern, dass ein großer Teil der Bevölkerung sich nichts mehr leisten konnte und schlicht verhungerte, wurden die Preise staatlich festgelegt. Aus unserem Beispiel wissen wir aber, was das bedeutet: Wenn die Preise festgelegt sind, richten sie sich nicht nach Angebot und Nachfrage. Aber ohne Angebot und Nachfrage gibt es keinen Markt, und wenn es keinen Markt gibt, dann hat auch niemand Lust, etwas herzustellen, da man es nicht gewinnbringend verkaufen kann.

Die Situation war kritisch und niemand wusste so recht, wie man aus diesem Schlamassel herauskommen sollte. Wegen des wertlosen Geldes wollte niemand arbeiten gehen und Produkte herstellen. Weil aber nichts produziert wurde, gab es wenig zu kaufen. Weil es so wenig zu kaufen gab, wurde die Festlegung der Preise nicht aufgehoben. Denn es musste verhindert werden, dass die Menschen verhungerten oder erfroren.

Was war zu tun? Sollte man wieder zur Marktwirtschaft übergehen? Oder sollte man mit der Zwangsbewirtschaftung, also der Wirtschaft mit festgelegten Preisen, weitermachen?

Welche Erfahrungen haben die Menschen in den 25 Jahren vor dem Krieg gemacht? Und welche Lösungen in wirtschaftlicher Sicht hielten sie überhaupt für annehmbar?

Erinnern wir uns an Greta, ihre Cousine und den Rest der Schulklasse. Wie alle Schüler hatten sie ein Lieblingsfach, in dem sie besonders gut waren. Greta ist sehr gut in Geschichte. Die Vergangenheit interessiert sie und deshalb kann sie sich Zusammenhänge von früher viel besser merken als Englischvokabeln und in Mathe schwirrt ihr auch oft der Kopf ...

Jeder Schüler braucht mal Nachhilfe! An Gretas Schule wird ein neues
System ausprobiert. Die guten Schüler sollen Nachhilfe geben.

Aber:

Greta (Niete in
Mathe) und Max (Mathe-Genie)
können sich gar nicht leiden!

Und:

Greta ist zwar gut in Erd-
kunde, kann aber leider gar
nicht gut erklären.

Ist das Experiment gescheitert? Nein, aber die Lehrer haben eine neue Idee:

Zwar fällt es Lehrern immer schwer, Schüler selbst entscheiden zu lassen,
aber das Kollegium sieht keine andere Möglichkeit ... Gesagt, getan. Die
Schülerinnen und Schüler organisieren sich ihre Nachhilfe selbst und
siehe da ...

Zwei Wochen
später ...

Aber zwei Monate
darauf ...

Die Noten haben sich
deutlich verbessert!!

Die Noten sind noch
schlechter als zuvor.

Der Schulleiter fragt
sich, was passiert ist.

Er geht der Sache auf den Grund ...

... und trifft zufällig Schülerin
Nina im Supermarkt.

Der Direktor will von ihr wissen, warum nur noch so wenige Schüler Nachhilfe
geben. Für jedes Fach gibt es noch genau einen Nachhilfelehrer! „Die haben
sich abgesprochen", verrät Nina. Die „beliebtesten Lehrer" machten die
anderen schlecht, Max empfahl nur noch Ingo für Geschichte und Ingo nur
Max für Mathe und so weiter ...

„Glückwunsch, Max –
zehn Gutscheine für
dich!"

„Wir sind die cools-
te Nachhilfe! Unser
Plan hat geklappt!"

Heute fällt Nach-
hilfe aus ...

„Tja", sagt Nina, „und dann gaben die sich auch keine Mühe mehr mit der
Nachhilfe ... die Konkurrenten waren ja ausgeschaltet."

Die Goldenen Zwanziger

Diese Geschichte scheint wenig mit der Wirtschaft nach dem Krieg zu tun zu haben und doch erklärt sie uns, in welcher Situation sich die Deutschen nach dem Krieg befanden. Die Menschen waren ratlos, da sie, genau wie die Lehrer in unserem Beispiel, den Eindruck hatten, dass sie beide existierenden wirtschaftlichen Wege ausprobiert hatten. Weder die freie Marktwirtschaft noch die Zwangsbewirtschaftung hatte funktioniert. Den Weg der freien Marktwirtschaft, die nun ja zusammengebrochen war, wollte keiner mehr gehen. Man hatte sie in der Zeit vor dem Krieg erstmals richtig kennengelernt und es war grauenhaft gewesen! Es spielte sich so ähnlich ab wie in unserem Schulbeispiel. Nach einigen Anfangsschwierigkeiten in den Jahren 1919 bis 1923, die vor allem damit zu tun hatten, dass man auch nach dem Ersten Weltkrieg mit einer riesigen Geldentwertung zu kämpfen hatte, schien die Marktwirtschaft tatsächlich die kühnsten Träume zu erfüllen. Plötzlich wurden, wie von Adam Smith beschrieben, immer mehr Güter für immer weniger Geld produziert. Die Arbeitsteilung griff weiter rasant um sich und immer mehr Menschen arbeiteten in den neuen Fabriken, die wie Pilze aus dem Boden schossen. Wie in unserem Schulbeispiel war die Stimmung richtig gut und man war glücklich, dass man sich für die Marktwirtschaft entschieden hatte. Die Menschen erholten sich langsam von dem schrecklichen Krieg und genossen es, dass die Regale in den Geschäften voll waren und es mehr und mehr schöne und praktische Sachen zu kaufen gab. Die Stimmung war schließlich so gut, dass man die mittleren 1920er-Jahre bis heute die „Goldenen Zwanziger" nennt. Es schien wirklich zuzutreffen: Wenn man den Markt sich selbst überlässt, sorgt er dafür, dass sich die Fähigkeiten und Produktionsmit-

tel wunderbar nach den Gesetzen von Angebot und Nachfrage verteilen und es allen immer besser geht!

Unser Schulbeispiel lässt uns aber schon ahnen: Der schöne Schein
war trügerisch. Schon wenige Jahre später, am Ende des goldenen Jahr-
zehnts, waren die meisten Menschen nicht mehr begeistert von der
Marktwirtschaft. Was war passiert?

Wie im Nachhilfe-Beispiel war die Marktwirtschaft bald keine richtige Marktwirtschaft mehr, da es zu Absprachen und Monopolbildun-
gen kam, die den echten Wettbewerb verzerrten und schließlich sogar
ganz verhinderten. **Da niemand in die Wirtschaft eingriff, begannen die großen Unternehmen, die sowieso schon
einen großen Teil des Marktes beherrschten, sich mit den Preisen abzusprechen oder gleich zusammenzuschließen. Das
hatte Auswirkungen auf die Löhne. Denn auch in dieser Hin-
sicht hatte es Absprachen unter den Fabrikbesitzern gegeben.**

Erste Serienfertigung von Motorrädern bei BMW (1925)

Sie bezahlten alle nur das Allernötigste. Das war weniger, als die Arbeit auf dem Markt eigentlich wert gewesen wäre. Diese Entwicklung führte dazu, dass eine große Gruppe von Menschen nichts von dem neuen Wachstum abbekam! Ein anderes Problem dieser Entwicklung war, dass viele kleine Firmen und Unternehmen ganz einfach schließen mussten. Denn durch die Monopole und Absprachen konnten die großen Firmen z. B. dafür sorgen, dass die kleinen Betriebe keine billigen Rohstoffe bekamen.

Es waren nicht die Gesetze des Marktes, die die kleinen Unternehmen verdrängten, sondern die Monopole und Absprachen, die die Marktgesetze außer Kraft setzten.

Es profitierte zunehmend nur noch eine kleine Gruppe von Menschen von der Marktwirtschaft und allen anderen ging es zunehmend schlechter. Als das Jahrzehnt der 1920er-Jahre fast vorüber war, kam es zum absoluten Tiefpunkt in dieser Entwicklung. Ab 1929 befand sich die Welt für einige Jahre in einer verheehrenden Wirtschaftskrise. Mit dieser Krise werden wir uns aber erst im nächsten Kapitel beschäftigen, damit wir an dieser Stelle nicht den Überblick verlieren.

Der Versuch einer liberalen, das heißt freien Marktwirtschaft war gescheitert: Er hatte nicht wie erwartet zu Wohlstand für alle geführt, sondern zu Ungerechtigkeit und Armut für viele Menschen.

Aus diesem Grund fanden es die meisten auch nicht schlimm, als die Nationalsozialisten ab 1933 anfingen, wirtschaftlich das zu tun, was

Modenschau in den 1920er-Jahren

in unserem Beispiel die Lehrer am Anfang versuchten: Sie überließen die Wirtschaft nicht sich selbst, sondern sie planten und organisierten sie von oben herab. Das schien logisch zu sein! Wenn ein freier Markt nicht dazu geführt hatte, die Produktion zu steigern und den Gewinn gerecht zu verteilen, dann musste man sich einmischen und die Gerechtigkeit selbst organisieren. Wer, wenn nicht der Staat, war zu einer solchen Planung in der Lage? Eine vom Staat geplante und organisierte Wirtschaft war also die Alternative zu liberalem Kapitalismus.

Die Umstellung auf eine Planwirtschaft vollzog sich allerdings nicht von einem Tag auf den anderen, sondern ging in vielen Schritten vor sich. Bis 1945, am Ende des Krieges, war die Wirtschaft in Deutschland schließlich fast vollständig durchgeplant und von Marktwirtschaft nicht viel übrig. ▄▄▄▄▶ **Ein wichtiger erster Schritt in der Umstellung des Wirtschaftssystems war die Abschaffung der Arbeitslosigkeit. Ob jemand Arbeit fand oder nicht, lag nicht** mehr daran, ob auf dem Markt Arbeit gesucht wurde oder nicht. Wer Arbeit suchte und keine fand, bekam einfach vom Staat Arbeit! Zu diesem Zweck begann der Staat, riesige Projekte zu realisieren, für die Tausende von Menschen als Arbeiter gebraucht wurden: Es wurden z. B. kilometerlange Kanäle angelegt oder neue Straßen gebaut. Wir können uns vorstellen, dass man eine Menge Leute lange beschäftigen kann, bis ein Kanal entstanden ist, der so groß ist, dass ein Schiff darin fahren kann. Die Arbeiter freuten sich, meist ohne zu wissen, wozu die ganzen neuen Straßen und Autobahnen gebraucht wurden. Heute wissen wir, dass alle Baumaßnahmen dieser Art vor allem Vorbereitungen auf den Zweiten Weltkrieg waren, den die Nationalsozialisten schon sehr früh geplant hatten. Die Abschaffung der Arbeitslosigkeit selbst war für die Nationalsozialisten so wichtig, weil sie ihnen große Beliebtheit brachte. Denn die schlimmste Not war nun vorbei. Die Menschen waren wieder beschäftigt und konnten ihre Familien ernähren.

Als der Krieg 1938 begann, griff man immer häufiger in die Marktwirtschaft ein. ▭▭▭▶ **Nach und nach wurde nicht nur die Verwendung der Arbeitskräfte geplant, sondern es wurden auch die Preise von Lebensmitteln oder anderen lebenswichtigen Gütern vom Staat festgelegt.** Denn je länger der Krieg dauerte, desto knapper wurden Lebensmittel und andere wichtige Güter wie Kohle und Kleidung. Damit die Preise dafür nicht ins Uferlose stiegen und sich nur wenige die lebenswichtigen Dinge leisten konnten, legte der Staat immer mehr Preise für wichtige, aber knappe Güter fest. Kein freier Arbeitsmarkt und keine Marktwirtschaft mehr! Als am Ende des Krieges kaum noch Lebensmittel vorrätig waren, verabschiedete man sich sogar vom Geld und gab das wenige Essen, das es noch gab, gegen Lebensmittelscheine an die Bevölkerung aus. Der Staat verteilte diese

Essensmarken, da er keine andere Möglichkeit mehr sah, dafür zu sorgen, das wenige Essen gerecht an alle zu verteilen.

Jetzt waren die Verhältnisse also wieder ganz ähnlich wie im Beispiel mit den Nachhilfelehrern. Auch dort waren die Lehrer dazu übergegangen, die Zuordnung der Nachhilfe von oben herab zu planen, um sicherzustellen, dass jeder in seinen schwachen Fächern Nachhilfe bekommt. Genau wie in Deutschland nach dem Krieg war das Ergebnis, dass die „Nachhilfe" zwar gerecht verteilt war, dafür aber sehr viel schlechtere Qualität hatte als in einer Marktwirtschaft mit Wettbewerb.

So war die Situation also nach dem Krieg 1945. Man kannte wirtschaftlich zwei Wege und hatte das Gefühl, beide ausprobiert zu haben und mit beiden gescheitert zu sein: einerseits die freie Marktwirtschaft, die zwar viel Reichtum produzierte, aber auch viel Ungerechtigkeit. Andererseits die Planwirtschaft, die zwar gerecht war, aber kein Wirtschaftswachstum brachte und deswegen nur die Armut gerecht verteilte.

In diesem Kapitel sollte es doch eigentlich um die Soziale Marktwirtschaft *nach* 1945 gehen. Wir haben jetzt seitenlang nur über die Wirtschaft *vor* 1945 gesprochen. Kommen wir also endlich zur Sache. **Die Väter der Sozialen Marktwirtschaft waren eine Handvoll Ökonomen, die sich gut kannten und sich über ihre Ideen austauschten. Diese Männer – Frauen waren damals in der Wissenschaft selten vertreten – hatten die Entwicklung der 1920er- und 30er-Jahre gut beobachtet und waren wie die meisten Deutschen zu dem Schluss gekommen, dass beide Wege in die Sackgasse führten.** Sie mussten einen neuen Weg finden, der die Vorteile der beiden alten Wege vereinte und auf die Nachteile verzichtet. Ein dritter Weg musste her, ganz einfach! Wie musste so ein Weg aussehen? Vor allem musste er den Hunger und die Armut schnell beenden. Das bedeutete, dass es definitiv eine Marktwirtschaft sein musste. Denn nicht nur Adam Smith und seine liberalen Nachfolger, sondern auch die Geschichte hatte gezeigt: Schnelles Wirtschaftswachstum war nur durch eine arbeitsteilige freie Marktwirtschaft zu erreichen.

Wie aber konnte man verhindern, dass eine freie Marktwirtschaft wieder zu Absprachen und Monopolen und damit dazu führte, dass eine kleine Gruppe reich und alle anderen arm wurden? Wie konnte verhindert werden, dass all diejenigen durch die Maschen fielen, die nicht am Markt teilnehmen konnten, weil sie krank waren oder alleine für ihre Kinder sorgen mussten? Dieser Punkt bereitete unseren Ökonomen einiges Kopfzerbrechen und schließlich kamen sie zu diesem Ergebnis: **Gerechtigkeit kann man von einer freien Marktwirtschaft nicht erwarten. Also muss der Staat die Gerechtigkeit organisieren. Also doch Planwirtschaft? Nein, sagen die Theoretiker der Sozialen Marktwirtschaft, warum nicht beides miteinander verbinden? Marktwirtschaft brauchen wir, um Wohlstand zu erreichen, aber was hindert uns denn daran, das zu planen, was die Marktwirtschaft offensichtlich nicht schafft, nämlich die soziale Gerechtigkeit?**

Das war der einfache Gedanke dieser scharfsinnigen Männer: Wenn man sägen und bohren muss und jemand bietet einem eine Säge an, wird man auf diese nicht verzichten, nur weil man mit ihr nicht auch bohren kann. Viel eher wird man sich ein zweites Werkzeug suchen, um damit zu bohren. Es war ein Missverständnis, würden Walter Eucken und Alexander Rüstow sagen (um zwei der Theoretiker zu nennen), dass die freien Marktgesetze die Lösung für alles sind: für Wachstum UND für eine gerechte Gesellschaft. Das war ein schöner Traum von Adam

Smith und Carl Menger! Deswegen können wir uns trotzdem der Gesetze von Angebot und Nachfrage bedienen, um das Wirtschaftswachstum zu fördern und günstige und gute Waren herstellen zu können. Um Gerechtigkeit müssen wir uns eben selber kümmern.

Und wie geht das? Gerecht ist eine Marktwirtschaft dann, wenn sie mit allen Mitteln behütet wird. Unser Schulbeispiel hat das gezeigt: Solange die Gesetze von Angebot und Nachfrage noch ungestört von Absprachen gegolten haben, hat jeder in der Klasse einen Schüler gefunden, für den er in einem bestimmten Fach genau der richtige Lehrer war – und so konnte sich jeder einen Teil der Kinogutscheine sichern.

Und wer kümmert sich um diejenigen, die auch in einer gut funktionierenden Marktwirtschaft nicht mitspielen können? All diejenigen, die nichts zu verkaufen haben, nicht einmal ihre Arbeitskraft, z. B. Kinder und Jugendliche, denn die müssen ja noch wachsen und lernen, aber auch alte Leute, die nicht mehr arbeiten können, oder Kranke, die sich erholen müssen. Was passiert mit ihnen oder mit denjenigen, die im Moment keine Arbeit finden? In der ganz freien Marktwirtschaft vor dem Nationalsozialismus ging es diesen Menschen ziemlich schlecht, da sich niemand für sie zuständig fühlte. Das darf aber nicht sein, sagten die Erfinder der Sozialen Marktwirtschaft nach 1945, denn eine Gesellschaft muss sich auch um die Erwerbslosen kümmern.

Der Vorschlag von Neoliberalen wie **Wilhelm Röpke** oder **Alfred Müller-Armack** (zwei andere Ökonomen aus dieser Gruppe) war einfach und er funktioniert noch bis heute: Marktwirtschaft bringt Wachstum und die-

sen macht man sich zunutze, indem ein Teil des Geldes für die Unterstützung der Hilfsbedürftigen verwendet wird. Wenn der Staat von jedem Berufstätigen etwa ein Viertel seines Lohnes als Steuern einbehält, kommt einiges zusammen. Es ist auf jeden Fall genug, um dafür zu sorgen, dass niemand verhungert.

Und was wurde aus der Idee der Sozialen Marktwirtschaft? Ihre Erfinder hatten Glück, sie konnten **Ludwig Erhard,** den wichtigsten Wirtschaftspolitiker nach dem Krieg, von ihren Ideen überzeugen. ▬▬▬▶ **Ludwig Erhard (1897 – 1977) setzte das „ordoliberale" Programm nach dem Krieg durch: ein Programm, das einerseits *liberale* Marktwirtschaft fordert, andererseits aber eine strenge Ordnung für diese Marktwirtschaft verlangt, damit sie nicht wieder gestört wird.**

Mit einer Wirtschaftsreform beendete Erhardt die Planwirtschaft und schaffte die festgesetzten Preise ab, damit diese sich wieder aus einem Zusammenspiel von Angebot und Nachfrage ergeben konnten. Außerdem führte er durch eine Währungsreform eine neue und stabile Währung ein, die Kaufkraft besaß, also etwas wert war.

Die neue Währung hieß D-Mark und plötzlich lohnte es sich wieder zu arbeiten, da man für das Geld auch etwas kaufen konnte. Wie über Nacht wurden die Maschinen in den Fabriken wieder angeworfen und die Zeiten der Selbstversorger-Wirtschaft waren wieder vorbei.

Ludwig Erhard hatte auf einen Schlag die Marktwirtschaft wieder ein-geführt. Jetzt musste er diese nur noch zu einer Sozialen Marktwirt-schaft machen. Dabei hielt sich Erhardt an die Empfehlungen der ordo-liberalen Ökonomen: Er schützte die Marktwirtschaft vor Absprachen und Monopolen und kümmerte sich darum, dass auch diejenigen Deut-schen versorgt wurden, die auf dem Markt gerade nichts anbieten konnten, weil sie alt, krank oder noch zu jung waren. Wie machte er das? Zum Schutz der Marktwirtschaft gab er einer Gruppe von Beamten des Staates die Aufgabe, die Wirtschaft mit strengem Blick zu beobachten. Wenn sie entdecken sollten, dass irgendwo Absprachen getroffen wur-den, die einen Wettbewerb verhindern könnten, dann durften sie ein-schreiten. Und das gilt bis heute: Wenn zwei Firmen sich zusammen-schließen wollen, dann muss der Staat erst prüfen, ob dadurch ein Monopol entsteht. Ist dies der Fall, dann wird der Zusammenschluss der Firmen verboten.

Auch die zweite Säule der Sozialen Marktwirtschaft, die Sorge um die schwächeren Mitglieder der Gesellschaft, begann Erhard sofort auf-zubauen. **Nach und nach wurden in den 25 Jahren nach dem Krieg Unterstützungen für die Menschen eingeführt, die nicht selbst für sich sorgen können.** Das Kindergeld sorgt dafür, dass Eltern nicht wegen der Versorgung ihrer Kinder in finanzielle Nöte geraten, sondern genug Geld haben, um ihre Kinder mit Essen und Klei-dung zu versorgen. Das Arbeitslosengeld hilft, wenn jemand gerade keine Arbeit hat. Auch wenn man krank ist und aus diesem Grund nicht arbeiten kann, wird der Lohn so lange weiter ausbezahlt, bis man wie-der gesund ist. Für die alten Menschen sorgen die Rentenkassen. Wei-terhin gibt es z. B. noch finanzielle Unterstützung für Witwen und Waisen, für alleinerziehende Mütter und Väter und Menschen mit Behinderun-gen.

Allerdings wäre es schwierig, all diese Leistungen nur aus Steuern zu finanzieren. In Deutschland wird deswegen z. B. die Hilfe für Arbeitslose so geregelt, dass nicht der Staat alles mit Steuergeldern bezahlt, sondern dass die arbeitenden Menschen und die Unternehmen zusätzlich jeden Monat etwas in eine große Kasse zahlen, aus der in dem Moment, in dem jemand arbeitslos wird, ein großer Teil seines Gehaltes weiterbezahlt wird. Auch die Rentenkasse funktioniert so: Alle bezahlen, solange sie arbeiten, jeden Monat in eine Kasse ein. Die Unternehmen, bei denen die Leute arbeiten, zahlen auch noch etwas dazu, und wenn man ins Rentenalter kommt, bekommt man aus dieser Kasse bis zum Lebensende eine Rente ausgezahlt.

Das klingt gut, oder? Es hat auch lange wunderbar funktioniert. Aber ich möchte euch nicht verheimlichen, dass es heutzutage Probleme mit diesem System gibt. Das größte Problem ist, dass es immer weniger junge Leute und immer mehr Menschen über 65 Jahre gibt. Denn erfunden wurde das System in einer Zeit, in der die meisten Menschen jünger als 65 waren und Arbeit hatten und deswegen immer genug Geld in die Rentenkassen floss, um alle Rentner zu versorgen. Seit etwa 30 Jahren bekommen die Menschen aber immer weniger Kinder. Zur Zeit eurer Großeltern kam es oft vor, dass eine Familie vier oder mehr Kinder hatte, heute bekommen Frauen in Deutschland weniger als 1,4 Kinder im Durchschnitt. Wir müssen uns deswegen wohl darauf einstellen, dass das Sozialsystem bald gründlich umgebaut wird.

Was ist eine Börse?

Die Entstehung des Kapitalismus hing eng damit zusammen, dass durch die Ausbildung erster größerer Märkte (z. B. für Wolle) plötzlich große Mengen von Geld angehäuft werden konnten. Mit diesem Geld konnte man mehr anfangen, als sich Luxusartikel zu kaufen: Man konnte mit diesem Geld noch mehr Geld verdienen, indem man es in neue Produktionsmittel wie Land oder Fabriken investierte.

Als die Industrialisierung mit ihren gewaltigen Anlagen zur Förderung und Verarbeitung von Kohle und Stahl richtig in Fahrt kam, zeigte sich jedoch, dass hierzu solch riesige Summen von Geld notwendig waren, dass auch der reichste Fabrikbesitzer diese nicht aufbringen konnte. Trotzdem hatten auch die reichsten Besitzer weiter-

Kohlebergwerk Hückelhoven, Maschinenhaus (1939)

hin ein großes Interesse an neuer Infrastruktur, an Eisenbahnen und den großen Dampfmaschinen. Also erfand man die Aktiengesellschaft.

Eine Aktiengesellschaft ist eine Vereinigung von Menschen, die ihr Geld in einen Topf werfen, um dieses Kapital dann in wirtschaftliche Unternehmungen zu investieren. Am Anfang waren das Kohle- und Stahlminen und Maschinenfabriken. Wer einmal im Ruhrgebiet war und einen Stollen besichtigt hat, der hat vielleicht eine Vorstellung davon, welche Unmengen Geld man für so eine unterirdische Stadt brauchte. Wem aber gehörte eine Aktiengesellschaft? Ganz einfach: allen, die sich mit ihrem Geld einen Anteil daran gekauft hatten. Der Kauf von Aktien ist zwar immer ein Risiko, denn keiner kann garantieren, dass der Aufbau der riesigen Anlagen funktioniert. Wenn es aber funktionierte, war der Gewinn gigantisch. Zum einen profitierten die Aktionäre von den Eisenbahnen dadurch, dass ihre Fabriken die neuen Verkehrswege nun nutzen konnten. Vor allem aber verdiente die Aktiengesellschaft selbst durch den Betrieb der eigenen Bahnen, der Maschinenfabriken oder der Kohle- oder Stahlminen viel Geld, wenn diese fertig gebaut waren. Dieser Gewinn wurde unter den Besitzern der Gesellschaft aufgeteilt. So funktionieren Aktiengesellschaften bis heute: Man kauft sich eine Aktie, also einen Anteil an der Gesellschaft, in der Hoffnung, dass die Gesellschaft Gewinne macht. Wenn das klappt, wird der Gewinn an alle ausbezahlt, in der Regel dadurch, dass der Wert der Aktien steigt. Geht jedoch etwas schief und die Gesellschaft macht keine Gewinne, sinkt der Wert der Aktien und man verliert das investierte Geld.

Die neuen Aktiengesellschaften bildeten einen Markt, den es vorher nie gegeben hatte: einen Markt für Geld! Geld war nicht mehr nur Tauschmittel, sondern selbst Ware. Wer Geld hatte, konnte das auf den Aktienmarkt, den Finanzmarkt, tragen und dort Aktien kaufen.

Wollte jemand sein Geld ausgeben oder hatte jemand das Gefühl, dass eine andere Gesellschaft vielleicht noch mehr Gewinne machte, verkaufte er seine Aktien wieder.

Und so bildet die Börse das Herzstück des Kapitalismus, denn der Kapitalismus ist eine Wirtschaftsform, in der es darum geht, aus Geld noch mehr Geld zu machen. Und Geld verdient man, indem man Waren produziert und verkauft, und Waren verkauft man am besten, indem man ein bisschen billiger ist als die Konkurrenz. Billiger kann man dann produzieren, wenn man die Arbeitsteilung so weit wie möglich treibt – das hat uns schon Adam Smith vorgerechnet. Es müssen also große Fabriken her und die kosten Geld, bevor man damit Geld verdienen kann. Seit der industriellen Revolution pumpt die Börse dieses Geld in die Adern der Wirtschaft – wie ein Herz. Denn sie sammelt das Geld von den Leuten ein, die zu viel davon haben, es aber dennoch weiter vermehren wollen, und bringt es dahin, wo es zum Bau neuer Anlagen oder größerer und schnellerer Fabriken gebraucht wird.

Börsenspekulanten um 1900

Zwei Deutschlands

Im letzten Kapitel habe ich genau die Hälfte vergessen, könnte man meinen, denn schließlich gab es nach dem Zweiten Weltkrieg 40 Jahre lang zwei Deutschlands. Man kann es sich heute gar nicht mehr richtig vorstellen, aber Deutschland war geteilt in zwei Länder, mit eigenen Währungen, eigenen Regierungen und einer Grenze dazwischen. Und alles, was ich bisher über die Durchsetzung der Sozialen Marktwirtschaft nach dem Krieg gesagt habe, gilt nur für das westliche der beiden Länder, nennen wir sie BRD (Bundesrepublik Deutschland) und DDR (Deutsche Demokratische Republik). Die DDR löste sich 1989 auf. Seit der Wiedervereinigung gibt es nur noch ein Deutschland.

Wie konnte es zur Teilung Deutschlands kommen und warum gibt es eines der Länder nicht mehr? Eine erste Antwort auf die Frage ist, dass Ostdeutschland, nachdem die Deutschen den Krieg verloren hatten, von Russland (damals nannte es sich Sowjetunion) besetzt wurde und Westdeutschland von den Amerikanern, den Franzosen und den Engländern. Und als es sich zeigte, dass es im westlichen Teil Deutschlands eine Marktwirtschaft geben würde, protestierte Russland und gründete mit der DDR ein zweites Deutschland.

Dazu muss man wissen, dass Russland zu dieser Zeit schon seit einiger Zeit ein sozialistisches Wirtschaftssystem eingeführt hatte, von dem man dachte, dass Marx es sich so gewünscht hatte. Dort gehörten also alle Produktionsmittel allen Arbeitern gemeinsam und der Staat plante jeden Schritt der Wirtschaft. Genau so eine Wirtschaftsform wollte Russland auch in Deutschland einführen, und als die westdeutschen Gebiete sich für eine freiheitliche Marktwirtschaft entschieden, wurde ein eigenes sozialistisches Deutschland gegründet.

Von den beiden Wegen, zwischen denen man nach dem Krieg wählen musste, der Marktwirtschaft und der Planwirtschaft, wählte man also die Planwirtschaft. Wählen ist allerdings eigentlich der falsche Ausdruck, da Russland der Bevölkerung diese Entscheidung einfach mitteilte. Es wäre aber ein Trugschluss zu denken, dass diese Entscheidung von den Deutschen abgelehnt wurde. Es gab zunächst sogar viel Zustimmung, was ja nicht verwunderlich ist, wenn man bedenkt, dass auch in der BRD nach dem Krieg viele Menschen sich eine Planwirtschaft wünschten. Ja, viele DDR-Bürger waren richtig begeistert, ein sozialistisches Land aufbauen zu dürfen. Es gab natürlich auch Skeptiker, die sich nicht vorstellen konnten, dass eine sozialistische Wirtschaft alle gut versorgen würde. Andererseits gab es auch sehr gute Gründe, die für eine solche Ordnung sprachen. An allererster Stelle war das die Hoffnung auf Gerechtigkeit, dafür lohnte es sich zu kämpfen. Denn noch viele erinnerten sich damals daran: Die Marktwirtschaft aus den 1920er-Jahren hatte neben einigen Reichen ja vor allem viele arme Leute hervorgebracht.

Plakat zum Tag der Arbeit in der DDR

Und eine zweite Hoffnung beflügelte viele Menschen: die Hoffnung auf Frieden. Denn man gab dem ungezügelten Kapitalismus und seinem Zusammenbruch in der Zeit vor dem Krieg die Schuld am Aufstieg des Nationalsozialismus und am Ausbruch des Weltkrieges. Wenn das nie wieder vorkommen sollte, und darin waren sich die Menschen einig, dann musste etwas Neues ausprobiert werden.

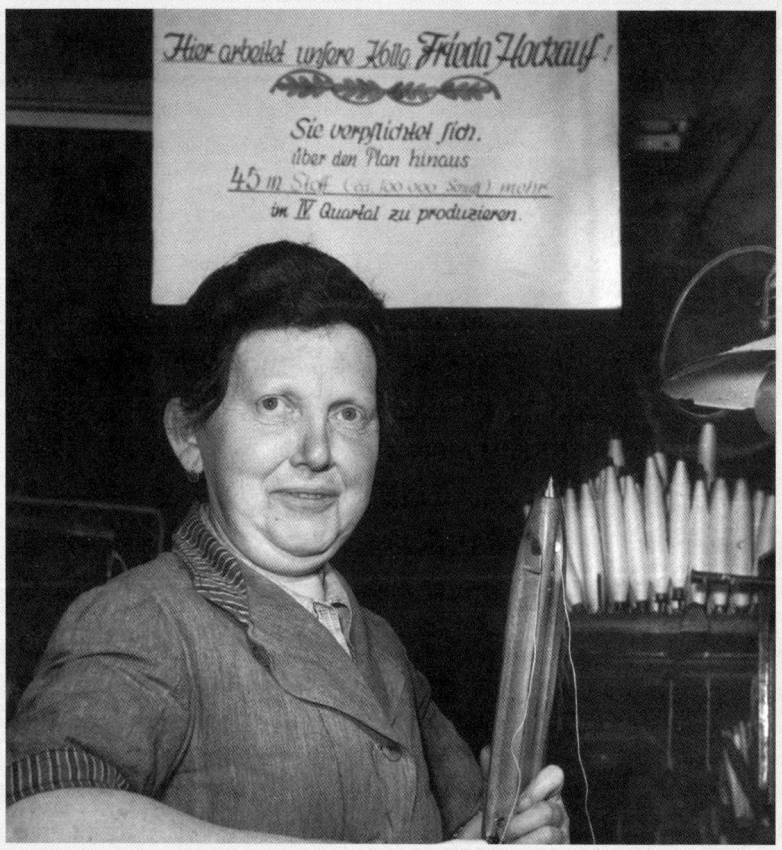

Planerfüllung: Eine Arbeiterin in einer Stofffarbik wird für ihre Leistung geehrt

Das Experiment ist gescheitert und das sozialistische Deutschland, die DDR, gibt es nicht mehr. Warum? Gründe gibt es dafür natürlich mehr, als hier auf eine Seite passen. Aber wenn wir uns auf die wirtschaftlichen Gründe konzentrieren, dann litt die DDR vor allem unter der Konkurrenzsituation zur Marktwirtschaft in der BRD und der übrigen westlichen Welt. Denn mit dieser musste sich die DDR immer messen lassen. Mit dem wirtschaftlichen Erfolg des Westens in den Nachkriegsjahrzenten konnte die sozialistische DDR aber nicht mithalten. Bis in die 1960er-Jahre stand es zwar unentschieden, welches Deutschland ökonomisch besser funktionierte – auf lange Sicht war es für die Planwirtschaft jedoch unmöglich, mit der Wirtschaftsleistung und dem Wohlstandsniveau des Westens mitzuhalten. Zuerst liefen dem Land scharenweise die Arbeiter davon, da sie sich im Westen ein besseres Leben versprachen, und als man schließlich die innerdeutsche Grenze schloss, blieb immer noch das Problem, dass der direkte Vergleich mit Westdeutschland für viel Unzufriedenheit sorgte.

Ist der Kapitalismus nun als die bessere Wirtschaftsform anzusehen? Viele Ökonomen und Nicht-Ökonomen sehen den Zusammenbruch der sozialistischen Wirtschaft als Beweis genau dafür. Ich denke aber, dass die Frage nicht so leicht zu beantworten ist. Richtig ist auf jeden Fall, dass unsere Form der Marktwirtschaft zu schnellerem Wachstum führte und auch mehr Güter produzierte. Aber was ist mit der gerechten Verteilung dieser Güter? Immerhin wurde diese von den Theoretikern der Marktwirtschaft seit Adam Smith immer wieder hoch und heilig versprochen.

Sicher ist auf jeden Fall, dass die Arbeit und der Wohlstand in der DDR gleichmäßiger verteilt waren als in Westdeutschland. Der Lebensstandard war zwar insgesamt meist niedriger als in der BRD, dafür war er aber für alle etwa gleich viel niedriger. Alle Menschen verdienten ungefähr gleich viel Geld, unabhängig davon ob sie Arzt, Ingenieur, Krankenschwester oder Arbeiter waren. Und aus der Glücksforschung wissen wir immerhin, dass es für die Zufriedenheit von Menschen meist viel wichtiger ist, ob es den Menschen um einen herum etwa gleich gut oder schlecht geht, als wie viel sie tatsächlich in nackten Zahlen verdienen. Seit dem Ende der DDR wird der Unterschied zwischen armen und reichen Menschen in der Bundesrepublik zudem in rasantem Tempo noch größer.

Tatsächlich ist es leider so, dass es seit etwa 20 Jahren wieder immer mehr arme Menschen gibt und daneben immer reichere Menschen. Also muss man wohl sagen: Die sozialistische Wirtschaft hat nicht funktioniert, aber die kapitalistische Marktwirtschaft lässt auch viele Fragen offen.

Viele Deutsche, die den DDR-Sozialismus noch erlebt haben, fühlen sich bis heute nicht wohl in der kapitalistischen Marktwirtschaft, auch nicht in der Variante der Sozialen Marktwirtschaft. Der Traum von einer gerechten Wirtschaftsform, auch wenn sie noch so unvollkommen war, scheint vorerst ausgeträumt zu sein.

Warum wir von der Krise immer wieder überrascht werden

In diesem Kapitel wird Greta mit Armbändern erst reich und dann gleich wieder arm – nichts anderes passiert in einem Konjunkturzyklus. Und als Greta dann noch ein zweites Mal reich wird, ist es für John M. Keynes ein Leichtes, uns zu erklären, wie man das Schlimmste verhindern kann.

Erinnert sich jemand daran, wie im Herbst 2008 die Wirtschaftskrise über uns hereingebrochen ist? Wie von einem Tag auf den anderen in New York große Banken zusammenbrachen und man im Fernsehen die Bilder von Managern mit Kartons in den Händen sah, die plötzlich arbeitslos waren? Wir haben alle die Hände über dem Kopf zusammengeschlagen und uns gefragt: Wie konnte das passieren? Anschließend waren im Fernsehen monatelang Wirtschaftsexperten mit Sorgenfalten im Gesicht zu sehen, die uns erklärten, dass es eine böse Bank in Amerika gibt, die uns mit kriminellen Machenschaften in die Krise riss. Man merkt meinem Ton schon an, dass ich das für eine Fehleinschätzung halte, weil es nicht stimmt, dass diese Krise ein Unfall ist, den ein paar kriminelle Manager verursacht haben. Dieses Kapitel wird zeigen, dass Krisen zum Kapitalismus gehören wie das Nasswerden zum Baden.

Mit den Wirtschaftskrisen verhält es sich ähnlich wie mit einer verstopften Dachrinne. Wenn man die Dachrinne eines Hauses nicht regelmäßig säubert, kann das Wasser in den Keller fließen und dort für eine Überschwemmung sorgen. Möbel, Spielsachen, Kletterausrüstung: Alles kann hinüber sein! Der einzige Unterschied ist, dass man Wirtschaftskrisen, auch wenn man wollte, nicht verhindern könnte. Trotz dieser Regelmäßigkeit ist jede Katastrophe wieder eine Überraschung. Im Fall der Dachrinne ist die Erklärung einfach: Mit der Zeit sammeln sich Laub, Staub und Moos auf einem Dach. Die Dachrinne verstopft und das Wasser kann nicht ablaufen. Im Fall der Wirtschaftskrisen ist es ein bisschen komplizierter. Allerdings nicht so kompliziert, dass wir es nicht verstehen könnten.

Die erste Krise fand in Deutschland sogar schon statt, als die Industrialisierung noch ganz am Anfang stand: in den 1840er-Jahren. Als sie

> **Die Weltwirtschaftskrise von 2008 war nicht die erste, sondern Wirtschaftskrisen entstehen regelmäßig seit der Entstehung des Kapitalismus, also seit etwa 150 Jahren.**

überwunden war, kam es zum ersten richtigen Knall, das war im Jahr 1873. Genau wie heute haben sich die Menschen damals fürchterlich erschrocken und sich überlegt: Ist das schon das Ende der freien Marktwirtschaft? Es war aber nicht das Ende, sondern bald schon erholte sich die Wirtschaft. Nach einigen kleineren Krisen kam es dann um 1930 zu der größten Krise des letzten Jahrhunderts, der ersten Weltwirtschaftskrise. Und wieder waren die meisten Menschen und auch viele Ökonomen davon überzeugt, das Ende des Kapitalismus sei gekommen. Seitdem gab es wieder einige kleinere Krisen, bis dann schließlich im Herbst 2008 die zweite richtige Weltwirtschaftskrise ausbrach. Und wieder fragten sich alle: Ist der Kapitalismus überlebensfähig? Dabei wissen die Ökonomen seit 100 Jahren sehr gut, warum es zu diesen Krisen kommt und immer wieder kommen wird.

Was macht Greta eigentlich? Kehren wir zu ihr und ihrer Klasse zurück. Die Aktion mit der Nachhilfe und den Kinogutscheinen ist inzwischen schon einige Wochen vorbei, als wieder etwas passiert …

Die nächste Geschichte beginnt mit einem Armband und endet mit einem Zopf. Als Greta sich bei ihrer Großmutter von dem Dachrinnen-Unglück erholt, zeigt die Großmutter ihr, wie man aus bunten Wollfäden Armbänder knüpfen kann. Es dauert zwar ein paar Stunden, bis ein Band fertig ist, aber es sieht hübsch aus.

Zurück in der Schule, entdeckt ein Mädchen aus einer höheren Klasse das Band und ist so begeistert, dass sie Greta ihres für 50 Cent abkaufen möchte. Greta freut sich, denn sie kann sich ein neues Band knüpfen und ein wenig Geld verdienen. Am nächsten Tag wollen die beiden besten Freundinnen der älteren Schülerin auch ein Band und Greta fragt ihre Freundinnen, ob sie ihr helfen können, noch zwei Bänder zu knüpfen …

Von A wie Armband bis Z wie Zopf

Greta hat sich von ihrer Großmutter etwas Tolles abgeguckt: aus bunten Wollfäden Armbänder knüpfen! Es dauert zwar ein paar Stunden, bis ein Band fertig ist, aber dafür sieht es sehr hübsch aus. Am Montag in der Schule ...

Plötzlich will jeder ein solches Bändchen ums Handgelenk tragen.

Greta muss schließlich immer mehr Klassenkameraden einspannen, um die Nachfrage nach Armbändern zu bedienen ...

Zwar müssen Greta und ihre Klassenkameraden zunächst ein bisschen Taschengeld in die Wolle investieren, aber wenn sie die Bändchen verkauft haben, haben sie diesen Verlust schnell wieder ausgeglichen. Doch genau in dem Moment, als sich alle Schüler der Klasse daran gewöhnt haben, mit den Bändern gut zu verdienen, will niemand mehr ein Armband kaufen ...

So was Blödes! Jetzt ist es aus mit mehrmals in der Woche Kino und Eisdiele! Und das Geld, das sie sich von ihrer Schwester für Wollfäden geliehen hat, kann sie auch nicht zurückzahlen.

Gretas Cousine Anna sagt: „Wir müssen uns etwas anderes einfallen lassen!"

Und schon sitzt Anna auf einer Bank auf dem Schulhof und flicht ihrer Freundin einen Zopf. Einen Zopf, in den sie bunte Bänder einarbeitet.

So einen Schmuckzopf wollen nun auch alle tragen und bieten Anna dafür einen Euro ...

In dieser Geschichte steckt das Geheimnis, warum es in der Wirtschaft immer auf und ab geht. Aber sehen wir uns das genauer an. Beginnen wir wieder bei der Industrialisierung, als einige Geschäftsleute entdeckten, dass man mit Eisenbahnen viel Geld verdienen kann, da die vielen neuen Textilfabriken sie als Transportmittel für ihre Rohstoffe und fertigen Produkte brauchten. Man begann, genau wie Greta das getan hat, sich Geld zu leihen und große Bergwerke und Eisenhütten zu bauen, um Kohle und Stahl für den Bau der Lokomotiven zu gewinnen. Die fertigen Lokomotiven verkaufte man. Der Bedarf war so groß, dass nach und nach ein großer Teil der Gesellschaft an den Lokomotiven mitarbeitete. Entweder direkt, indem er die Maschinen zusammenschraubte oder Kohle aus dem Bergwerk förderte. Oder indirekt durch den Verkauf von Lebensmitteln an Arbeiter, die keine Zeit mehr hatten, selbst welche anzubauen. Oder indem man Häuser für die Arbeiter baute, die jetzt alle in der Nähe der Fabriken und Bergwerke leben wollten. ▸▸▸ **Ein großer Teil der Wirtschaft hatte mit dem Bau der Eisenbahnen zu tun. Deswegen sprechen Ökonomen hier von einem Leitsektor, der die ganze Wirtschaft anführt wie ein Leithammel seine Schafherde.**

Es passiert nun aber irgendwann das, was auch in der Geschichte von den bunten Armbändern passiert ist: Irgendwann waren alle größeren Städte mit Eisenbahnen verbunden und es wurden keine neuen Eisenbahnen mehr gebraucht. Zuerst konnten die Fabrikanten ihre Kredite nicht mehr zurückzahlen, die sie aufgenommen hatten, um das Material für die Eisenbahnen einzukaufen. Dann wurden viele der Arbeiter arbeitslos, die in den Fabriken gearbeitet hatten. Weil sie kein Geld mehr hatten, verloren auch all die Menschen ihre Arbeit, die die Arbeiter mit Lebensnotwendigem versorgt hatten: Lebensmittelhändler, Schuster und Bauhandwerker. Das ist der Beginn einer Wirtschaftskrise – von einer gut funktionierenden Wirtschaft zu einer Krise kann es manchmal sehr schnell gehen!

So eine Pleite!

Über die Banken haben wir dabei noch gar nicht gesprochen. Bei denen gibt es nämlich noch weitere Probleme. Was passiert, wenn eine Fabrik pleitegeht? Wenn sie an der Börse ist wie die meisten großen Unternehmen, versuchen die Aktienbesitzer, ihre Aktien dieser Firma loszuwerden. Da niemand diese Aktien haben möchte, sinken blitzschnell ihre Preise. Erinnern wir uns:

➤ Der Wert eines Unternehmens setzt sich an der Börse aus der Summe aller Aktien zusammen. Für das Unternehmen heißt das, dass es fast nichts mehr wert ist. Die Kurse für die Aktien fallen immer tiefer, bis man das Gefühl hat, man könnte ein riesiges Unternehmen für einen Euro kaufen.

Aber es kommt noch schlimmer. Nachdem erstens die Fabriken pleite sind und zweitens die Aktien ihren Wert fast ganz verloren haben, erwischt es die Banken. Denn Banken leihen sich Geld von den Menschen und versprechen, es mit Zinsen zurückzuzahlen. Das heißt, dass das Geld sich vermehren muss, damit die Banken nicht nur Verluste machen. Deswegen kaufen Banken meistens Aktien von Unternehmen, die in der letzten Zeit gute Gewinne gemacht haben und deren Aktien im Wert steigen. Im Fall der Eisenbahnen waren das vor allem die Lokomotiv-Fabriken und all die Unternehmen, die mit dem Komplex „Eisenbahn" zusammenhingen. Wenn die Aktien stark fallen, verdienen die Banken auch kein Geld mehr, und dann geht es ihnen wie Greta: Sie können ihre Schulden und die Zinsen für die Schulden bei den Menschen nicht mehr bezahlen, die ihnen das Geld geliehen haben. Das erklärt, warum es bei einer Wirtschaftskrise auch nicht lange dauert, bis die ersten Banken pleite sind.

Jetzt kommen wir zum nächsten Dominostein: Wenn die Banken pleite sind, will kein Mensch mehr den Banken sein Geld geben. Das ist schade für die Bank, noch verheerender sind die Auswirkungen des Misstrauens in die Banken jedoch für die Fabriken, die von der Krise noch gar nicht betroffen sind. Wenn diese sich Geld leihen wollen, um Rohstoffe und Materialien für ihre Produkte zu kaufen, bekommen sie jetzt keines mehr, da die Banken den Rest ihres Geldes einbehalten, bis die Krise vorbei ist. Der Kreis schließt sich. ▸▸▸▸▸ **Denn jetzt gehen plötzlich auch diejenigen Betriebe pleite, die nichts mit dem Leitsektor zu tun haben, da sie von den Banken keine Kredite mehr für die benötigten Rohstoffe bekommen. Diesen Vorgang bezeichnet das Wort Kreditklemme.**

Bis jetzt haben wir vor allem darüber gesprochen, wie eine Wirtschaft von ganz oben nach ganz unten in die Krise rutschen kann. Und wie geht's raus aus der Krise?

Irgendwann wird sich wieder etwas Neues finden, was dann unbedingt alle brauchen. In unserem Greta-Beispiel wollten plötzlich alle bunte Wollbänder im Haar tragen. So funktioniert es auch in der Wirtschaft. Die Krise von 1873 kam zu einem Ende, weil die Elektrizität und die Glühbirne erfunden und weiterentwickelt wurden, um nur ein Beispiel zu nennen. Die Menschen wollten nun elektrisches Licht in der Wohnung nutzen und nicht mehr bei Kerzenschein oder stinkenden Öllampen leben und arbeiten müssen. ▸▸▸▸▸ **Es entstand ein unglaublich großer Bedarf an Stromleitungen, Steckdosen und Glühbirnen. Um ihn zu decken, wurden wieder Fabriken gebaut, und schließlich hatte ein großer Teil der Bevölkerung mit der Herstellung von Stromleitungen oder Glühbirnen zu tun. Ein neuer Leitsektor war gefunden und die Krise war überwunden.**

Von null auf hundert

Das Ende der großen Wirtschaftskrise in den 1930er-Jahren ist noch einfacher zu erklären: Sie endete in der „Stunde null" im Jahre 1945. Die Bomben hatten während des Krieges vieles zerstört. Die Menschen mussten für diese Schäden aufkommen, neue Häuser bauen, aber auch vieles neu anschaffen: Tische, Stühle, Kleider, Radios, Autos, Kaffeekannen und, und, und.

Allerdings muss man dazu sagen, dass auch kaum jemand noch Geld hatte, das er investieren konnte. Die deutschen Fabrikanten hatten jedoch Glück, dass ihnen die Amerikaner nach dem Krieg so viel Geld liehen, dass sie ihre Firmen und Fabriken wieder aufbauen, Arbeiter bezahlen und Materialien und Rohstoffe besorgen konnten, um mit der Herstellung der benötigten Güter anzufangen. Da man sich nach 1945 für die Marktwirtschaft entschieden hatte, erholte sich die Wirtschaft schnell, denn Arbeitsteilung und die Regeln von Angebot und Nachfrage führten dazu, dass immer genau das produziert wurde, was gerade wirklich am nötigsten gebraucht wurde. Und weil die Währung wieder stabil war, stürzte sich die Bevölkerung mit Feuereifer auf die Arbeit in den Fabriken. Die Menschen wollten möglichst schnell Geld verdienen, um sich die neuen Produkte auch leisten zu können.

Jetzt sind wir einmal in die Krise hineingerutscht und einmal wieder hinausgeklettert. So eine Krise hört sich anstrengend an, oder? Das ist sie auch. Viele werden arbeitslos und die Ökonomen suchen verzweifelt einen Weg, wie man den freien Fall der Marktwirtschaft ein bisschen abbremsen kann, damit er nicht ganz so wehtut. Während der großen Krise in den 1930er-Jahren meldete sich schließlich ein junger Ökonom und behauptete, eine Lösung gefunden zu haben.

John Maynard Keynes (1883–1946) hieß der damals noch junge Mann und er behauptete: Das Problem der Wirtschaftskrisen besteht darin, dass am tiefsten Punkt der Konjunkturwelle viele Menschen in Not geraten, weil sie arbeitslos werden.

Warum aber werden sie arbeitslos? Erstens, weil die Nachfrage in den Leitsektoren der Wirtschaft nachlässt, wenn diese übersättigt sind. Zweitens, weil andere Unternehmen, die nicht zu den Leitsektoren gehören, pleitegehen, wenn sie von den angeschlagenen Banken keine Kredite mehr bekommen.

Wenn wir die Talfahrt also abschwächen wollen, müssen wir demnach für Nachfrage sorgen, damit die Unternehmen trotz Konjunkturabschwung noch ein paar Aufträge erhalten. Anders gesagt: Wenn Unternehmen in der Krise keine Aufträge mehr bekommen, dann muss der Staat ihnen so viele Aufträge geben, dass die Unternehmen zumindest so viel zu tun haben, dass sie möglichst niemanden entlassen müssen. Und: Den Banken darf nicht das Geld ausgehen, damit sie weiterhin Kredite an die Unternehmen geben können, die nicht direkt von der Krise betroffen sind.

Zunächst stieß Keynes auf viel Unverständnis, denn sollte der Staat während einer Krise nicht sparen? Schließlich sinken die Steuereinnahmen, wenn viele Menschen arbeitslos sind, und es besteht die Gefahr einer Staatspleite.

Genau das ist der Denkfehler, antwortet Keynes. Wenn der Staat kein Geld hat, dann muss er eben Schulden aufnehmen und von dem Geld Aufträge an die Unternehmen vergeben. Bauunternehmen sollen die

Schulen reparieren, Maschinenbauer sollen Maschinen für den Straßen-
bau herstellen und Maler und Handwerker sollen die Universitäten er-
weitern und renovieren. ▶▶▶▶▶ **Nur wenn der Staat Geld ausgibt, kann er den Abschwung der Konjunkturkurve nach unten
so weit abbremsen, dass die schlimmste Krise verhindert wird
und vor allem viele Arbeitsplätze erhalten bleiben.** Davon profitieren alle, sagt **Keynes**, mit Ausnahme der Finanzminister, denn deren
Aufgabe ist es nun einmal, dafür zu sorgen, dass der Staat nicht mehr
Geld ausgibt, als er hat.

Dieser Abfederungsmechanismus funktioniert aber nur unter einer
Bedingung: Die Konjunktur muss sich wiederbeleben. Neue starke Leitsektoren in der Wirtschaft müssen dafür sorgen, dass wieder Geld verdient wird und der Staat dadurch viele Steuern einnimmt. Und geht es
der Wirtschaft dann besser, muss der Staat etwas tun, was man ungern
macht, wenn man viel verdient: Er muss sparen wie ein Fuchs, um die
Schulden, die sich während der Krise durch die Anleihen von Geld angehäuft haben, wieder abzubauen. Eine Weile lang werden dann eben nur
die Straßen gebaut, die unbedingt notwendig sind, und
die renovierten Schulen und Schwimmbäder müssen eine Weile ohne Reparaturen auskommen.

▶▶▶▶▶ **Erst, wenn die Schulden
wieder zurückgezahlt sind, ist der
Staat ja wieder fähig, während einer neuen Krise wieder Schulden
zu machen. Und dass die nächste
Krise kommt, ist so sicher wie das
Amen in der Kirche.**

John Maynard Keynes

Und was machen die Banken in der Krise, wenn sie an der Börse weniger Gewinn machen und so den Unternehmen, die nicht unmittelbar von der Krise betroffen sind, keine Kredite mehr geben können? Auch hier muss der Staat finanzielle Hilfestellung geben, sagt Keynes. Er muss den Banken Geld besorgen, damit sie weiterhin Kredite für Rohstoffe und Materialien an Unternehmen vergeben können. Das ist so wichtig, dass der Staat zur Not neues Geld drucken muss, um diese Zahlungen zu gewährleisten. Denn wenn die noch gesunden Sektoren der Wirtschaft auch noch in Schwierigkeiten geraten, weil sie kein Geld mehr von den Banken bekommen, dann ist die Krise kaum noch aufzuhalten.

Dieser Vorschlag Keynes' zur Abfederung des Konjunkturabschwungs während einer Krise überzeugte bald die amerikanische Regierung – und Präsident Roosevelt (1882–1945) entschloss sich, einen riesigen Schuldenberg anzuhäufen, um damit z. B. große Straßenbauprojekte zu finanzieren, in denen viele der Arbeitslosen wieder Arbeit fanden. Keynes schien recht zu behalten: Die Arbeitslosigkeit sank und die Infrastruktur des Landes war bald in so gutem Zustand, dass die Unternehmen es noch in der Krise schafften, wieder Fuß zu fassen. Der Weg in die Aufwärtsbewegung der Konjunkturwelle hatte begonnen.

Übrigens folgte auch unsere Regierung in der Krise von 2008/2009 Keynes' Ratschlägen – mit Erfolg! Sie nahm gleich nach Ausbruch der Krise einen riesigen Berg Schulden auf und begann, Aufträge an die Wirtschaft zu vergeben. Das ist erstaunlich, sehr erstaunlich sogar, wenn man sieht, dass Keynes' Lehren in den letzten Jahrzehnten weltweit als gescheitert und nutzlos bezeichnet wurden. Aber dazu werden wir im nächsten Kapitel noch mehr hören.

Was steckt hinter der Krise von 2008/2009?

Welches war der Leitsektor, der 2008 zusammengebrochen ist, weil keine Nachfrage mehr nach den Produkten aus diesem Sektor bestand? Unter Ökonomen spricht man in diesem Fall davon, dass ein Sektor gesättigt ist. Das ist kein schlechtes Bild, denn ist der Mensch satt, dann kann man ihm die schönsten Köstlichkeiten unter die Nase halten: Er hat einfach genug. In welchem leitenden Bereich war die Wirtschaft satt? Es ist natürlich immer ein Wagnis, die Gegenwart zu erklären. Man hat einfach noch nicht den nötigen Abstand, um etwas beurteilen zu können. Aber ein paar Dinge können uns die Ökonomen, die sich mit Konjunktur, also der Wellenbewegung der Wirtschaft, beschäftigen, trotzdem sagen. Diese Spezialisten beschreiben die Ereignisse der letzten Jahre in vier Schritten:

Ein wichtiger Sektor der Wirtschaft der letzten Jahrzehnte, vielleicht sogar der Leitsektor, war die Automobilbranche. Die Aufwärtsbewegung in diesem Sektor begann schon nach dem Krieg. Damals konnten sich nur wenige Menschen ein Auto leisten. Heute besitzt fast jeder eins. Das gilt für Amerika genauso wie für Europa. In der Zwischenzeit waren große Fabriken für Autos entstanden. Man kann sagen, dass wie früher bei den Eisenbahnen ein großer Teil der Bevölkerung direkt oder indirekt von der Herstellung der Autos lebte. Als man jedoch merkte, dass die Nachfrage bald einbrechen würde, weil jeder ein Auto hat, entdeckte man, dass die Nachfrage mit einem kleinen Trick künstlich am Leben gehalten werden kann: Man verbesserte die Autos in Kleinigkeiten und verbreitete in der Werbung die Botschaft, die bereits verkauften Automodelle seien veraltet. Es wurden die Technik, die Sicherheit, der Benzinverbrauch oder das Aussehen geändert. Autos bekamen bessere Bremsen, Airbags erst für den Fahrer, dann für den Beifahrer und schließlich für diejenigen, die hinten sitzen. Sie wurden bequemer, wurden ausgestattet mit elektrischen Fensterhebern, einer Klimaanlage und einem Bordcomputer mit Navigationssystem. So konnte man die Aufwärtsbewegung der Konjunktur lange aufrechterhalten, obwohl eigentlich sehr viele Menschen schon ein Auto besaßen, das sie von einem Ort zum anderen fuhr.

▭▭▭▶ Der zweite Schritt auf dem Weg in die Krise war, dass viele Autobesitzer die weiteren Verbesserungen nicht mehr zu schätzen wussten und anfingen, sich zu fragen, ob man wirklich so viel Geld für ein neues Auto ausgeben muss, wenn das alte doch alles hat, was man braucht. Die Gewinne auf dem Automobilmarkt wurden so langsam kleiner. Für die Automobilhersteller bedeutete das, dass sie ihre riesigen Fabriken verkleinern mussten, um nicht pleitezugehen. Seit den 1990er-Jahren wurden deswegen immer mehr Arbeiter entlassen. Vor allem aber fingen die Fabriken an, sich zusammenzuschließen, um Geld zu sparen. Gemeinsam brauchten sie nur noch die Hälfte der Ingenieure, um die „Verbesserungen" an den Autos zu planen. So schlossen sich nach und nach kleinere Automarken mit größeren zusammen: Volvo und Saab mit Ford, Skoda und Porsche mit VW und so weiter und so fort.

▭▭▭▶ Damit sind wir beim dritten Schritt in die Krise: Auch die Entlassungen der Arbeiter und die Zusammenschlüsse der Unternehmen konnten die drohende Abwärtsentwicklung durch die Sättigung

Immer schneller, höher, weiter!?

nicht aufhalten. Die Automobilbranche suchte verzweifelt nach einem Weg, doch noch Geld verdienen zu können. Diese Idee kam schließlich aus Amerika. Es handelt sich um eine Idee, die regelmäßig vor jeder großen Konjunkturkrise zu beobachten ist. Wenn sich andeutet, dass sich mit den Produkten aus dem Leitsektor bald nicht mehr viel Geld verdienen lässt, dann suchen die Menschen, die ihr Geld an den Börsen verdienen, also vor allem die Banken, sofort andere Bereiche, in denen noch Gewinne zu machen sind. Aber die Banker fielen auf eine künstliche Nachfrage herein. Im Fall unserer Krise kam die Erfindung von einer Bank in Amerika. Die Manager dieser Bank hatten erkannt, dass sich die Menschen immer weniger zum Kauf von Autos bewegen ließen. Es musste also etwas anderes gefunden werden. Am besten sollte es etwas sein, was viel Geld kostet, damit die Gewinne möglichst groß ausfielen. Also, was ist teurer als ein Auto und trotzdem ein erstrebenswerter Besitz? Ein Haus! Jeder wäre doch gern Besitzer eines schönen Hauses für sich alleine. Für die meisten ist es aber nicht so einfach, sich ein Haus zu kaufen. Natürlich kann man einen Kredit aufnehmen. Man bekommt einen Kredit aber meist nur, wenn man etwa ein Viertel des Gesamtpreises schon besitzt. Vor allem muss man gut verdienen, um sicher zu sein, dass man die Zinsen und die Abzahlungsraten für den Kredit bezahlen kann.

Der Trick, den die Banken anwandten, bestand darin, dass sie begannen, auch den Menschen Kredite für Häuser zu geben, die es sich nicht leisten konnten. Sie verkündeten, dass von nun an jeder einen Kredit bekomme, unabhängig davon, wie viel Geld er besitzt und wie viel er verdient. Die Leute in den USA ließen sich das nicht zweimal sagen. Plötzlich wurde gebaut, was die Betonmischer hergaben. Es entstand ein regelrechter Boom der Baubranche. In kürzester Zeit entstanden so viele neue Häuser, dass ganze neue Städte aus dem Boden wuchsen. Jeder, der schon immer von einem eigenen Haus geträumt hatte, es sich aber nicht leisten konnte, hielt das Angebot der Banken für die Gelegenheit, seinen Traum doch noch wahr werden zu lassen.

So gewannen die Aktien der Baubranche blitzschnell an Wert. Zunächst waren alle froh. Die neuen Hausbesitzer freuten sich über ihre Häuser, die Bauunternehmen freuten sich über ihre Aufträge und die Anleger an der Börse freuten sich über die hohen Gewinne. Sogar für die Autokonzerne war dies ein Vorteil. Sie verkauften zwar wegen des Immobilienbooms nicht mehr Autos, aber sie konnten die sinkenden Einnahmen aus dem Automarkt ausgleichen, indem sie mit Aktien aus der Baubranche spekulierten. Und es ist wirklich so: Die großen

Der Traum vom Eigenheim war bald ausgeträumt

Autohersteller haben zu Beginn des neuen Jahrtausends mehr Geld mit Aktienspekulationen verdient – und zwar vor allem mit amerikanischen Immobilien-Aktien – als mit dem Verkauf ihrer Autos.

▬▬▶ Kommen wir jetzt zum vierten und letzten Schritt, der direkt in die Krise führte. Dass dieser herbeigetrickste Boom auf wackeligen Füßen stand, liegt auf der Hand. Und bald sollte das Kartenhaus in sich zusammenfallen. Die Banker, die mit dem künstlichen Immobilienboom so erfolgreich gewesen waren, überlegten, wie sich der Gewinn noch steigern ließe. Sie hatten eine Idee, die man als den konkreten Auslöser des Zusammenbruchs im Herbst 2008 bezeichnen kann.

Wir müssen uns zunächst noch einmal klarmachen, dass es für Banken, die an der Börse Aktien einkaufen, nicht darum geht, etwas zu kaufen, was man auch benutzen kann, sondern sie wollen Aktien von etwas kaufen, was vermutlich bald im Wert steigt. Es geht nicht darum, was sie kaufen, sondern nur darum, die Aktien, die im Gewinn steigen, wieder zu verkaufen. Um Geld zu verdienen. Aus diesem Grund kamen die amerikanischen Immobilien-Banker, von denen wir hier sprechen, auf die Idee, etwas Neues zu erfinden, was mit Immobilien zu tun hat und was man verkaufen kann. Am berühmtesten wurde eine junge Frau namens Blythe Masters, die als die eigentliche Erfinderin des Handels mit Kreditbündeln gilt. Das Ergebnis sah so aus: Millionen von Menschen hatten inzwischen einen Kredit für ein Haus aufgenommen. Die Häuser stiegen unaufhörlich im Wert, da die ganze Welt Aktien kaufen wollte, die mit Immobilien zu tun hatten. Es schien deswegen auch kein Problem zu sein, die Raten und Zinsen für die Kredite zu bezahlen. Denn das Haus wurde immer wertvoller und die Eigentümer damit anscheinend immer reicher. Um ein neues Produkt zu schaffen, das man an der Börse anbieten konnte, boten die

Banken, die die Kredite vergeben hatten, diese Kredite jetzt zum Kauf an. Ungefähr so, wie wenn man jemandem einen Schuldschein verkauft. Eine besondere Rolle spielten hierbei die Bank Lehman Brothers und JP Morgan. Der Schuldner schuldet das Geld jetzt nicht mehr der Bank, sondern dem neuen Besitzer des Schuldscheins. Bei so einem Geschäft ist es üblich, davon auszugehen, dass nicht alle Hauskäufer ihre Kredite wirklich abbezahlen können. Deswegen wird man, wenn man eine ganze Reihe von Krediten verkauft, einen Preis zahlen, der unter dem Wert liegt, den die Kredite hätten, wenn sie alle zurückbezahlt würden. Denn der neue Eigentümer der Kredite trägt jetzt auch das Risiko dafür, dass Kredite nicht zurückbezahlt werden können, wenn ein Hauskäufer pleitegeht.

Machen wir das an einem Beispiel deutlich: Zehn Personen haben bei der Bank einen Kredit von 100 Euro aufgenommen. Die Kredite sind also 1.000 Euro wert, wenn jeder seinen Kredit zurückzahlt. Da das aber manchmal nicht klappt mit dem Zurückzahlen, verkauft die Bank die zehn Kredite für 600 Euro. Wenn trotzdem alle ihre Schulden bezahlen, hat der Käufer Gewinn gemacht. Wenn weniger als sechs Menschen ihre Schulden bezahlen können, erleidet er einen Verlust.

Die Kredite wurden massenhaft aufgekauft und dann zusammengebunden zu großen Bündeln von Krediten. Wir stellen uns das am besten vor wie Papier-Schuldscheine, die zu Bündeln von 100 Exemplaren geschnürt werden. Die neuen Besitzer dieser Kreditbündel gründeten daraufhin eine Aktiengesellschaft, gingen damit an die Börse und verkauften die Aktien, aus denen die Gesellschaft bestand. Wer aber soll Interesse an Aktien von Kreditbündeln haben? Jeder, der davon ausging, dass der Wert der Kreditbündel steigen würde, und davon ging in diesen Zeiten jeder aus. Denn da die Hauspreise immer noch weiter stiegen, konnte man davon ausgehen, dass die meisten

Hauskäufer ihre Kredite zurückzahlen würden. Der Kauf von Krediten funktionierte wie ein Wettbüro, in welchem darauf gewettet werden konnte, wie viele Leute es schafften, ihre Kredite zurückzuzahlen.

Eine ganze Weile ging dieses Geschäft gut. Die Immobilienpreise stiegen weiter und damit auch der Wert der Kreditbündel-Aktien. Verdient hat daran die ganze Welt. Auch deutsche Banken steckten riesige Mengen an Geld in diese Immobilien-Aktien aus Amerika. Inzwischen waren die Preise für Immobilien und alle Arten von Aktien, die mit Immobilien zu tun hatten, so wahnwitzig gestiegen, dass klar war, dass die Preise nichts mehr mit dem wirklichen Wert der Häuser zu tun hatten. Nun kauften Menschen Immobilien und Immobilien-Aktien alleine aus dem Grund, um ebenfalls von den rasend schnell stei-

Börsenspekulanten um 2009

genden Preisen zu profitieren. Dadurch stiegen die Preise natürlich noch höher und diese Spirale setzte sich immer weiter nach oben fort.

Dies ging so lange gut, bis die ersten Hauskäufer merkten, dass man ihnen einen Kredit gegeben hatte, für den sie eigentlich gar nicht aufkommen konnten. Sie wurden insolvent, also zahlungsunfähig, und konnten die Raten für den Kredit nicht mehr bezahlen. Und plötzlich ging es anderen frischgebackenen Hausbesitzern ähnlich, und mehr und mehr konnten ihre Kreditraten nicht mehr bezahlen. Als die ersten Besitzer von Immobilien-Aktien, vor allem diejenigen, die Aktien von den Kreditbündeln gekauft hatten, Wind davon bekamen, verkauften sie blitzschnell ihre Aktien. Sie hatten Angst, dass die Aktienkurse sinken könnten, denn sie wussten genau, dass die Preise für Immobilien-Aktien zuletzt völlig überhöht waren. Als die ersten ihre Aktien verkauften, folgten die anderen ihnen sofort und aus den astronomischen Summen, die zuletzt für Immobilien-Aktien gezahlt wurden, wurden schnell so kleine Beträge, dass jedes Kind sich mit seinem Taschengeld eine Aktie kaufen konnte. Der Immobilienboom war so schnell vorbei, wie er gekommen war.

Jetzt wird verständlich, warum Politiker und Ökonomen die Schuld für die Krise den Börsenspekulanten in die Schuhe schieben. Es stimmt ja auch: Man kann einiges von dem, was passiert ist, als kriminell bezeichnen. Eigentlich ist es schon Betrug, wenn man Kunden Kredite verkauft, die sie vermutlich nie zurückzahlen können, und sie damit in den finanziellen Ruin treibt. Besonders wütend war man aber auf die Immobilien-Banker, die anfingen, Handel mit den Kreditbündeln zu treiben. Denn sie hatten keine ehrliche Auskunft darüber gegeben, ob es sich um Kredite von reichen oder armen Leuten handelte, obwohl das von entscheidender Bedeutung gewesen wäre.

Es ist trotzdem unzureichend, wenn man die Geschichte so erzählt. Denn im Kern geht es nicht nur um betrügerische Banker, sondern auch um das Ende eines Konjunkturzyklus. Es geht um das Ende eines sehr erfolgreichen Leitsektors, bei dem Autos eine große Rolle spielten, und es geht um einige Versuche, die Aufwärtsbewegung der Konjunkturwelle künstlich zu verlängern. Ein Hauptgrund für die Krise war die absinkende Konjunkturwelle.

Und was steckt hinter der griechischen Finanzkrise und der Euro-Krise? Ist das immer noch dieselbe Krise? Ja, die Krise ist leider noch nicht vorbei, allerdings sollten wir zwischen den beiden Krisen auf jeden Fall unterscheiden. Das eigentliche Problem ist die Euro-Krise, die dadurch ausgelöst wurde, dass seit Beginn 2010 viele Länder damit kämpfen, nicht pleite zu gehen. Denn wegen der Konjunkturmaßnahmen nach der Krise 2008/9 haben sich viele Länder so hoch verschuldet, dass sie ihre Zinsen nicht mehr bezahlen können. Wegen der hohen Schulden will ihnen allerdings niemand noch mehr Geld leihen und das ist gefährlich. Denn die Pleite eines Staates könnte ähnliche Turbulenzen nach sich ziehen kann, wie die Pleite von Lehmann Brothers. Der Euro-Rettungsschirm soll nun sicherzustellen, dass alle Euro-Länder immer ihre Zinsen zahlen können.

Und die Griechen? Die haben das Pech, dass sie am meisten Schulden von allen haben und deswegen am dringendsten Hilfe brauchen. Allerdings ist es ungerecht, dass so viel auf die Griechen insgesamt geschimpft wird. Es stimmt zwar, dass einige griechische Politiker ziemlich getrickst haben, um den Euro als Währung einführen zu dürfen. Und es stimmt auch, dass in Griechenland wenig Steuern gezahlt werden. Aber was kann die Mehrheit der Griechen für ein paar unehrliche Politiker oder ein schlecht organisiertes Steuersystem?

Ohne Staat
geht alles besser

In diesem Kapitel erholen sich Greta
und ihre Cousine Anna von ihren Abenteu-
ern und überlassen die Bühne Herrn K.
Dieser etwas anstrengende Herr verliert
fast die Lust am Leben, bis ihn Milton
Friedman von allen Fesseln befreit.

Ich muss an dieser Stelle zunächst ein Geständnis machen: Die Theorien, über die ich mit euch in diesem Kapitel sprechen möchte, verstehe
ich zwar im Großen und Ganzen, aber die Formeln, mit denen diese
Theorien ausgedrückt werden, sind mir ein Rätsel. Wirtschaftliche Theorien werden fast nur noch in mathematischen Formeln ausgedrückt.
Einige davon verstehe ich, aber die Feinheiten der Theorien sind so kompliziert, dass man sie ohne ein Studium der Finanzmathematik kaum
erschließen kann. Im Grunde gilt das auch schon für die Theorien von
Keynes, der sogar Mathematiker war. Keynes jedoch hatte zum Glück
etwas sehr Wichtiges noch nicht vergessen: dass hinter den mathematischen Formulierungen der Theorien immer auch Überlegungen ste-

hen, die man in ihren Grundzügen auch ganz einfach ausdrücken kann. Keynes war sogar ein Meister darin, seine komplizierten Theorien ganz ohne Mathematik zu beschreiben.

In der Wirtschaft hat man, wie in der Physik, viel mit Zahlen zu tun. Das ist der Grund, warum so viele Menschen denken, dass sie wirtschaftliche Zusammenhänge nicht verstehen können. Schließlich ist es ja auch kaum möglich, Quantenphysik zu begreifen, wenn man kein studierter Physiker ist.

Hier handelt es sich aber um ein Missverständnis. ▬▬➤ **Die wenigsten Leute wissen, dass man jede Art von menschlicher Tätigkeit auch in Zahlen darstellen kann, selbst wenn diese nichts mit Naturgesetzen zu tun haben.** Wir können z. B. eine wissenschaftliche Untersuchung machen und bei 1.000 Leuten zählen, wie oft sie E-Mails schreiben und an wen. Auf diese Art können wir Zahlen sammeln und Zusammenhänge herstellen, die wir in Zahlen ausdrücken können. Wir können z. B. feststellen, dass die Anzahl der geschriebenen E-Mails bei jungen Menschen höher ist als bei alten. Außerdem schreiben Menschen mit höherem Bildungsstand mehr E-Mails. Wir werden aber niemals exakt voraussagen können, *wann genau* eine bestimmte Person eine E-Mail schreiben wird. ▬▬➤ **Genauso wenig können wir im konkreten Einzelfall voraussagen, wie sich ein Mensch wirtschaftlich verhalten wird. Wir können zwar statistisch sagen, dass er wahrscheinlich dies oder das tun wird. Aber mehr nicht.**

Deswegen ist es nicht schlimm, wenn man nicht alle Feinheiten der ökonomischen Formeln versteht – denn dahinter verbirgt sich immer ein Zusammenhang, den man auch gut ohne Zahlen beschreiben kann – ja sogar am besten ohne Zahlen verstehen kann. Schließlich ist es etwas anderes, ob mir jemand eine Tabelle voller Zahlen unter die Nase hält oder ob er mir einfach sagt, dass junge Menschen mehr E-Mails schreiben als ältere. Anders ist das in der Physik, wo es in vielen Fällen wirklich kaum möglich ist, Theorien und Gesetze ohne Mathematik auszudrücken.

In den Naturwissenschaften beziehen sich Zahlen auf das, was überall gleich ist. Die Schwerkraft beispielsweise lässt sich wunderbar berechnen. Diese Berechnungen gelten immer und überall auf der Erde. Ob ich einen Stein in der Mongolei hochwerfe oder in Südtirol, er fällt immer auf dieselbe Art und Weise. Mit Zahlen kann ich exakt beschreiben und vorhersagen, wie er fallen wird.

Jetzt aber zum eigentlichen Thema des Kapitels. Es geht um eine Rückkehr. Die Theoretiker der Sozialen Marktwirtschaft hatten nach dem Krieg einen starken Staat gefordert, der die Ungerechtigkeiten einer reinen Marktwirtschaft ausgleicht. Keynes hatte gefordert, dass der Staat die Konjunkturwellen ausgleicht, indem er in der Krise Geld ausgibt und im Boom spart. Ab den 1980er-Jahren hielt man solche Forderungen für verfehlt, zumindest nach Meinung des einflussreichen Theoretikers, um den es in diesem Kapitel geht. ▸▸▸▸ **Milton Friedman (1912 – 2006) war überzeugt, dass der Staat sich wieder so weit wie möglich aus der Wirtschaft heraushalten sollte.** Von einer Rückkehr spreche ich deswegen, weil wir diese Forderung schon aus der Zeit vor dem Zweiten Weltkrieg kennen. Auch damals wurde ja behauptet, dass es allen am besten ginge, wenn man den Markt ganz ungestört walten lasse.

Wie kommt Milton Friedman dazu? Um sein Anliegen zu verstehen, lassen wir Greta und ihre Cousine dieses Mal in Ruhe und schauen uns den nächsten Cartoon an.

Herr K. oder die Marktwirtschaft

Es war einmal ein kleines Königreich. Dort lebte Herr K., ein äußerst schwieriger Mensch. Er war unglaublich herrisch, skrupellos und unsozial. Er hatte nur ein Ziel, für das er Tag und Nacht arbeitete und für das er über Leichen ging: wirtschaftlichen Gewinn zu machen.

Angenehm war er nicht, aber die Leute des kleinen Königreichs merkten, dass dieser Mensch ihnen nützlich war. Denn wenn man ihn machen ließ, war er sehr gut darin, neue Wege zu finden um Geld zu verdienen. Weil er so energisch war, schaffte er es immer, die tollsten Unternehmungen auf die Beine zu stellen. Aus diesem Grund ernannte ihn der König zum Wirtschaftsminister.

Aber der König stellte Bedingungen:

„Du darfst die Alten und Kranken nicht vergessen! Alle müssen genug zu essen haben!"

„Kein Problem!"

„Und mach meine Untertanen nicht arbeitslos!"

„Klaro!"

„Und vergiss unsere schöne Landwirtschaft nicht! Der Fluss darf nicht vergiftet werden, sonst kann ja niemand mehr drin baden."

„Ist notiert!"

„Ich möchte auch keinen giftigen Rauch, hörst du?"

„Wird gemacht!"

Ihr habt es schon erraten: Herr K. steht für die kapitalistische Markt-wirtschaft. Milton Friedmans Hauptbotschaft ist, dass diese durch die Einschränkungen, welche ihr durch die Soziale Marktwirtschaft nach 1945 und durch die keynesianische Konjunkturpolitik auferlegt wurden, nicht mehr in der Lage ist, für Wirtschaftswachstum zu sorgen. Sehen wir uns seine Argumente im Einzelnen an.

Friedmans Vorwurf ist, dass die ordoliberalen Theoretiker der Sozia-len Marktwirtschaft zwar prinzipiell die Bedeutung der Marktwirtschaft für Wirtschaftswachstum erkannt hatten. Aber sie unterschätzten, dass Marktwirtschaft nur funktioniert, wenn man sie frei wirken lässt. **Denn, so Friedman, auch die sozialen Maßnahmen, durch die die Menschen geschützt werden sollen, sind Eingriffe in den Markt. Wenn der Staat viel Arbeitslosengeld zahlt, dann sind die Menschen unter Umständen nicht mehr bereit, ihre Arbeitskraft zu verkaufen.** Das ist ein Eingriff in die Preisregulierung der Arbeitskraft durch Angebot und Nachfrage. Wenn der Staat Um-weltschutzgesetze erlässt, schränkt er ebenfalls den Markt ein. Denn diese Gesetze behindern all die Projekte, die nur mit Umweltverschmut-zung zu realisieren sind. Umweltschutzgesetze, Arbeitslosengeld und ähnliche Maßnahmen führen auf lange Sicht dazu, dass die Marktwirt-schaft irgendwann nicht weiterwächst. Es werden keine Fabriken mehr gebaut, die in den aufsteigenden Konjunkturwellen gut bezahlte Ar-beitsplätze schaffen.

Friedman ist also kein Anhänger der Sozialen Marktwirtschaft. Min-destens genauso wenig hält er von Keynes und seiner Vorstellung von Konjunkturpolitik. Sein wichtigstes Argument gegen das Abfedern von Konjunkturwellen durch Staatsausgaben in der Krise ist ganz einfach die Tatsache, dass diese Methode in den 1970er-Jahren nicht mehr funk-tionierte. Es schien wirklich wie verhext: Die Arbeitslosenzahlen stiegen kontinuierlich, obwohl man mit Konjunkturmaßnahmen versucht hatte dagegenzusteuern.

▬▬▶ Lange Zeit waren Konjunkturmaßnahmen auch gar nicht nötig gewesen, denn das Wirtschaftswunder nach dem Krieg bescherte Deutschland ein fast 20 Jahre andauerndes Wirtschaftswachstum. Arbeitslosigkeit gab es nicht, da jeder gebraucht wurde, um das zerstörte Land wieder mit Industriegütern wie Waschmaschinen, Autos, Kühlschränken und Radioapparaten zu versorgen. Gegen Ende der 1960er-Jahre aber flachte dieses Wachstum ab. Was war passiert? Das letzte Kapitel über die Konjunkturzyklen hat uns auf diese Frage vorbereitet. Ein wichtiger Grund war, dass der Markt gesättigt war. Alle Haushalte waren mit allem versorgt. Man versuchte, die Krise abzuschwächen, indem man die Rezepte von John Maynard Keynes anwandte und Schulden machte, um Arbeitslosigkeit zu verhindern. Das Irritierende war aber, wie gesagt, dass dies nicht funktionierte und die Arbeitslosigkeit trotzdem wuchs. Selbst als die Wirtschaft wieder in Gang kam, blieb die Arbeitslosigkeit so hoch wie vorher. Das war ein Schock, denn was sollte man tun, wenn das einzige Rezept, das man hatte, nicht funktionierte?

Milton Friedman legte ein neues Rezept vor. Es stimmt nicht, sagt Friedman, dass Arbeitslosigkeit vor allem durch Konjunkturabschwung entsteht. Der Hauptgrund für Arbeitslosigkeit ist, dass die Gehälter der Menschen im Konjunkturabschwung leicht sinken. Daher kündigen viele ihre Arbeit, um sich auf die Suche nach einer Stelle zu machen, in der sie genauso viel verdienen wie vor der Gehaltskürzung. Friedman nennt das Such-Arbeitslosigkeit.

Das Schuldenmachen des Staates bewirkt, so Friedman, dass die Marktwirtschaft viel länger braucht, um mit neuen Leitsektoren wieder zu wachsen. Der staatliche Eingriff behindert die Marktentwicklung, so wie wir es in der kleinen Geschichte gesehen haben. Dadurch bleibt die Arbeitslosigkeit hoch. Würde man der Wirtschaft die Fesseln der staatlichen Eingriffe abnehmen und sie wieder zu Kräften kommen lassen, würde sie schnell wieder wachsen, würden alle Menschen wieder gebraucht werden und neue Arbeit finden.

Warum sind die staatlichen Ausgaben durch Schulden eine Bremse für die Marktwirtschaft? Keynes dachte, dass die freie Wirtschaft gut funktioniert, wenn man dafür sorgt, dass die Leute viel einkaufen, wenn also große Nachfrage nach jeglicher Art von Produkten besteht. Für Nachfrage sorgt man, wenn die Menschen Geld in der Tasche haben. Der einfachste Weg dazu, so würde Keynes sagen, ist, wenn der Staat den Leuten Arbeit gibt, damit sie Geld verdienen können.

Friedman behauptete das Gegenteil. Nicht die große Nachfrage bringt die Wirtschaft wieder in Schwung, sondern ein großes Angebot. Was ist damit gemeint?

> **Wenn die Wirtschaft gerade einen Abschwung erlebt hat und die alten Leitsektoren als Antrieb nicht mehr so recht ziehen wollen, dann müssen neue Lokomotiven gefunden werden. Dafür braucht es Menschen, die Ideen haben und die diese Ideen ausprobieren können.**

Sonst dauert die Krise ewig an. Wie bringt man Menschen dazu, sich in möglichst vielen Projekten auszuprobieren, um so die neuen Leitsektoren zu finden? Man versucht, es ihnen so leicht wie möglich zu machen.

Das bedeutet aber, dass man dafür sorgen muss, dass Arbeitslöhne billig und nicht zu sehr durch Sozialabgaben belastet sind. Außerdem darf es nicht zu viele Umweltgesetze geben, die neue Projekte behindern könnten. Arbeitslosigkeit sollte man zulassen, da die Arbeiter dann für weniger Geld arbeiten und motivierter sind. Immerhin ist der Job viel wert. Kurzum, nicht Nachfrage muss geschaffen werden, sondern es muss möglichst schnell ein neues Angebot in neuen Leitsektoren entstehen.

Nachfrage entsteht von allein, wenn die Wirtschaft nach einer Krise wieder anläuft und alle Menschen gut bezahlte Arbeit finden. Denn dann haben die Menschen Geld in ihren Taschen, das sie ausgeben können.

Klingt das überzeugend? Oder doch eher unsozial? Egal, was man davon denkt, man ist auf jeden Fall mit seiner Meinung nicht alleine. Die Ideen von Milton Friedman haben die Ökonomen der Welt in zwei Lager geteilt. Es gibt Befürworter und Gegner seiner Theorien und beide stehen sich bis heute unversöhnlich gegenüber und werfen sich gegenseitig vor, keine blasse Ahnung davon zu haben, wie Wirtschaft *wirklich* funktioniert. Auch in der Politik finden wir diese beiden Positionen in den meisten Ländern vertreten. Meistens gibt es die Partei der Sozialdemokraten auf der einen Seite und die Liberalen auf der anderen Seite. Erstere, wie z. B. in Deutschland die SPD, stehen für sozialen Ausgleich. Sie sind dafür, dass man Keynes Ratschläge befolgt und in der Krise Schulden macht, um dafür zu sorgen, dass nicht zu viele Menschen arbeitslos werden.

Die Liberalen dagegen, in Deutschland ist das die FDP und Teile der CDU, kämpfen dafür, die Marktwirtschaft von möglichst allen staatlichen Fesseln zu befreien. Für mehrere Jahrzehnte wurde dieses neoliberale Wirtschaftsdenken sehr mächtig. **Seit den 1980er-**

Jahren begann man in fast allen demokratischen Ländern, die Wirtschaft nach dem Rezept Friedmans umzubauen. Das waren ziemlich große Baustellen, wie man sich vorstellen kann, denn die ganze Wirtschaftspolitik musste umgebaut werden. Der soziale Ausgleich für die schwachen Teilnehmer der Marktwirtschaft – also Kinder, Arbeitslose, Kranke und Arme – wurde stark eingeschränkt.

Besonders drastisch gingen dabei England unter Margaret Thatcher und Amerika unter Ronald Reagan vor. Sie stoppten die staatlichen Ausgaben für Soziales fast ganz. Außerdem wurden viele der staatlichen Einschränkungen der Wirtschaft aufgehoben. Betroffen davon waren z. B. Gesetze für den Umweltschutz und Gesetze, die die Rechte der Arbeitnehmer festlegten. Man durfte jetzt wieder, fast wie zu Zeiten von Karl Marx, Arbeiter einstellen und feuern, wie es dem Markt gerade entsprach. Außerdem durfte man so niedrige Löhne bezahlen, dass viele Arbeiter und ihre Familien davon kaum leben konnten und können.

In Deutschland fiel diese neoliberale Wende in der Wirtschaftstheorie und der Wirtschaftspolitik vergleichsweise harmlos aus. Der Grund dafür liegt vor allem darin, dass in Deutschland die Politik der Sozialen Marktwirtschaft in den 20 Jahren nach dem Krieg so gut funktionierte, dass man sie nicht ganz aufgeben wollte. Es gab zwar auch in Deutschland Versuche, die Wirtschaft von staatlicher Gängelung zu befreien, aber sehr erfolgreich war man damit bis zur Wiedervereinigung der beiden deutschen Staaten nicht. Erst nach der Wende holte man in Deutschland vieles davon nach, was andere Länder schon lange vorgemacht hatten.

Wie geht es weiter?
Erster Vorschlag

Greta sitzt in diesem Kapitel plötzlich alleine mit ihren kleinen Geschwistern zu Hause und wird plötzlich ein richtiges Miststück. Am Ende setzt sich aber doch wieder die nette und freundliche Greta durch. Offen bleibt jedoch die Frage: Sind wir alle ein bisschen wie Greta? Hoffentlich!

Nachdem wir in den vorangegangenen Kapiteln die Theorien der wichtigen Ökonomen der vergangenen Jahrhunderte und Jahrzehnte kennengelernt haben, sollten wir jetzt zu den wichtigsten Problemen kommen, mit denen sich Ökonomen heute beschäftigen. Da momentan in der Wirtschaftstheorie so viel passiert wie schon lang nicht mehr, würde es aber leider 100 Seiten mehr brauchen, um jedes aktuelle Problem auch nur vorzustellen. Außerdem haben die Wirtschaftswissenschaftler zum jetzigen Zeitpunkt mehr Fragen als Antworten für das ökonomische Geschehen von heute. Der Grund hierfür ist, dass wir Zeugen der aktuellen Entwicklung sind und sie nicht im Nachhinein betrachten können. Trotz dieser Einschränkungen sollten wir uns die wichtigsten Probleme, für die im Moment Lösungen gesucht werden, ansehen. ▬▬► **Die Antworten auf diese Fragen werden teilweise in den Ideen von längst verstorbenen Ökonomen gesucht. Einige von ihnen haben wir in den letzten Kapiteln kennengelernt. Über Gustav Schmoller und Alexander Rüstow kann man heutzutage fast täglich etwas in der Zeitung lesen.** Das hätten sich die neoliberalen Theoretiker der letzten 30 Jahre nicht träumen lassen. Welche Probleme sind es nun aber, die die heutigen Ökonomen beschäftigen?

Zuallererst denkt man dabei natürlich an die Weltwirtschaftskrise, denn die ist sicherlich eines der größten Probleme der letzten Jahre. Ich halte sie aber nicht für das einzige und auch nicht unbedingt für das größte theoretische Problem, vor dem Ökonomen heute stehen. Und lösen kann man das Problem des konjunkturbedingten wirtschaftlichen Abschwungs sowieso nur begrenzt, indem man die Folgen für die Menschen etwas abschwächt. ▬▬► **Wollte man das Problem der Konjunkturkrisen wirklich beheben, dann müsste man ganz auf den Kapitalismus verzichten.**

Und die große Diskussion um die Aufsicht über die Finanzmärkte und die Beschränkung der Gewinne für gierige Manager? Ich fürchte, dass diese laute Diskussion vor allem damit zu tun hat, dass die Politik auf irgendeine Weise vermitteln muss, dass sie zumindest versucht, die Gier der Manager einzuschränken. Aber vermutlich gehört auch die ungezügelte Spekulationswut am Ende einer aufsteigenden Konjunktur zum Kapitalismus wie das Wasser zum Fluss. Man kann höchstens die schlimmsten Auswüchse in Zukunft ein bisschen abdämpfen.

Zieht euch warm an!

Allerdings haben die Regierungen tatsächlich einiges aus der letzten großen Wirtschaftskrise gelernt – und davon profitieren wir im Moment alle. Die Milderung der tiefsten Stelle des Konjunkturtals durch Aufträge auf Kosten des Staates, damit Arbeitsplätze erhalten bleiben, ist ein Beispiel dafür. Außerdem gibt es das sogenannte Kurzarbeitergeld, das dafür sorgt, dass die Unternehmen in der Zeit der Krise „überwintern" können, ohne zu viele Menschen entlassen zu müssen.

Diese Maßnahmen haben in Deutschland gut funktioniert. Auch die Unterstützung der Banken mit billigen Krediten hat bisher vermutlich verhindert, dass die Banken aus Unsicherheit keine Kredite mehr vergeben und dass somit die Krise wie im Dominoeffekt auch den Finanzsektor lahmlegt. Ein paar gefährliche Passagen müssen auf dem Weg aus der Krise allerdings gemeistert werden. Vor allem muss die Staatsschulden-Krise (Euro-Krise), über die wir weiter oben gesprochen haben, gemeistert werden. Doch zu welchem Zeitpunkt fährt man die staatlichen Ausgaben wieder zurück? Diesen Zeitpunkt kann man eigentlich nur erraten. Fängt man zu früh damit an, legt man die ersten zarten Keime der aufsteigenden Konjunkturwelle lahm. Wartet man zu lang, kann es gut passieren, dass man in eine andere gefährliche Situation gerät: die Inflation. Denn wenn zu viel Geld im Umlauf ist, dann sinkt der Wert des Geldes. Nach den Erfahrungen der 1920er-Jahre kann man es in Deutschland niemandem verübeln, wenn er Angst davor hat, dass aus einer Inflation eine Hyperinflation wird. Eine Hyperinflation ist eine Inflation, die so weit geht, dass Geld und Aktien plötzlich gar nichts mehr wert sind.

Nüchtern gesehen, kann man jedoch davon ausgehen, dass die Menschheit diese Wirtschaftskrise überleben wird, so wie sie die vorangegangenen überlebt hat.

➤ **Viel gefährlicher sind andere Probleme unserer Wirtschaftsweise, über die nicht so viel geschrieben und gesprochen wird wie über die Wirtschaftskrise. Sehen wir uns drei besonders bedrohliche Beispiele an: die Klimakrise, die Umweltkrise und die Gerechtigkeitskrise.** Die erste dieser Krisen wird meist weniger als eine Konsequenz unserer Wirtschaftsform gesehen, sondern mehr für ein technisches Problem der Energiegewinnung gehalten. Dabei wird aber oft übersehen, dass es unsere Wirtschaftsform insgesamt ist, die langsam gefährlich wird. Das Gefährliche an der kapitalistischen Marktwirtschaft ist, dass wir dabei sind, unsere Lebensgrundlage zu zerstören. Wenn wir das Problem des Klimawandels nicht lösen, wird bald nur noch ein kleiner Teil der Menschheit auf der Erde leben können. Alle anderen werden verhungern, ertrinken oder verdursten.

Neben dem Klimawandel vergessen wir immer wieder, dass die letzten 150 Jahre Kapitalismus noch ein paar andere Probleme gebracht haben, die genauso dringend gelöst werden müssen und z. B. mit Müll und Gift zu tun haben.

Fangen wir mit dem Müllproblem an: Als ich etwa 15 Jahre alt war, hütete ich einmal das Haus meiner Eltern, als sie im Urlaub waren. Es war das erste Mal, dass ich ganz alleine zu Hause sein durfte. Ich lebte munter drauflos, kochte mir Essen, kaufte, auf was ich Lust hatte, oder ließ mir etwas bringen. Die Verpackungen und Reste warf ich in den Mülleimer. Als der voll war, habe ich ihn nicht gleich geleert, denn es war ja niemand da, den das störte. Die Faulheit siegte und so stapelte ich weiteren Müll neben dem Mülleimer. Irgendwann wollte ich nur noch eine Kleinigkeit dazulegen. Doch als ich den Müllschrank aufmachte, fiel der gesamte Müll mit Essensresten und Flüssigkeiten um und verteilte sich über die ganze Küche.

Ungefähr so haben wir, also die industrialisierten und kapitalistischen Länder der Erde, uns in den letzten 100 Jahren verhalten. Und im Moment erkennen wir mit Schrecken, dass die ganze Sauerei uns auf die Füße zu fallen droht.

Anders als bei mir zu Hause können wir das Problem aber leider nicht lösen, indem wir irgendwann endlich den Müll herausstellen, damit ihn die Müllabfuhr beseitigen kann. Wohin soll er gebracht werden? **Eine Zeit lang konnten wir so tun, als ob es eine Müllabfuhr für die kapitalistische Welt gäbe. Unser Müll wurde, nachdem unsere Mülldeponien längst voll waren, einfach dorthin gebracht, wo die Menschen so arm sind, dass sie sich das gefallen lassen mussten.** Du kennst sicher Berichte aus dem Fernsehen oder den Zeitungen über Kinder in armen Ländern, die auf stinkenden Müllhalden leben und arbeiten; das ist oft der Müll, den wir in den Industrieländern produzieren. Mittlerweile funktioniert das aber auch nicht mehr. Unser Müll ist längst an Orten angelangt, wo man ihn auf keinen Fall haben will. Um nur ein Beispiel zu nennen: Vor einiger Zeit haben Forscher entdeckt, dass sich im Stillen Ozean der Müll in einem Strudel gesammelt und unter der Wasseroberfläche einen Müllteppich gebildet hat, der so groß wie ganz Mitteleuropa ist! Man stelle sich mal jemanden vor, der mit einem schnellen Boot durch den Stillen Ozean segelt. Drei Wochen sieht er nichts als stinkenden Abfall, bis er wieder normales Wasser erreicht! Aber wie soll man das ändern? Diese Frage ist nicht einfach zu beantworten. Eigentlich müssten wir unser gesamtes Wirtschaftssystem ändern. Denn zum Kapitalismus gehört Wachstum. Um dieses Wachstum aufrechtzuerhalten und Monat für Monat mehr produzieren zu können, werden Produkte hergestellt, die nicht lange benutzt werden können. Entweder sie gehen schnell kaputt oder sind nach kurzer Zeit nicht mehr modern, sodass man sie durch aktuelle Versionen ersetzen muss. Das heißt aber auch, dass die alten Produkte weggeworfen werden und die Verpackungen natürlich ebenfalls. Ganz zu schweigen von dem ganzen Abfall, der bei der Herstellung der Produkte in den Fabriken entsteht.

Und es gibt noch einen weiteren Punkt, an dem unser Wirtschaftssystem vollkommen versagt hat: die Gerechtigkeitsfrage.

Alle Kämpfer für eine freie, liberale Marktwirtschaft, von Adam Smith bis Milton Friedman, behaupten: Eine Marktwirtschaft, die man sich selbst überlässt, führt automatisch dazu, dass es am Ende allen beteiligten Menschen wirtschaftlich besser geht.

Die Gesetze des Marktes würden dafür sorgen, dass der wachsende Wohlstand sich gerecht auf alle Marktteilnehmer verteilt.

Man muss kein Ökonom sein, sondern nur die Augen öffnen, um zu bemerken: Das hat nicht funktioniert! Entweder es gibt die „Marktgesetze der unsichtbaren Hand" nicht oder sie sind außer Kraft gesetzt. Denn eines ist klar: Die Ungerechtigkeit in der Welt hat nicht abgenommen, sondern nimmt in immer größerem Tempo zu. Das gilt für Deutschland und in viel stärkerem Ausmaß für die gesamte Welt. Die Deutschen kamen durch das Wirtschaftswunder nach dem Krieg schnell zu einem Wohlstand, der fast alle in diesem Land erreichte. Seit den 1970er-Jahren hat sich dieser Trend aber langsam umgedreht und inzwischen müssen wir feststellen:

▆▆▆▆▶ **Das Wachstum der Wirtschaft – das es nach wie vor gibt – führt seit etwa 20 Jahren nicht mehr zu Einkommenssteigerungen der Durchschnittsbevölkerung.** Woran das liegt, darüber wird im Moment noch gestritten. Einig sind sich aber Ökonomen darin, dass die Konjunkturwelle seit einiger Zeit langsamer angestiegen ist und es für die Anleger von Kapital immer schwieriger wird, gewinnbringend zu investieren. Eine Reaktion darauf war, dass man an den Löhnen sparte, um den Gewinn dadurch etwas zu vergrößern.

Aus den Augen, aus dem Sinn?

Jetzt könnte man sich fragen, ob der Lebensstandard in Industrieländern nicht zu luxuriös ist? Aber warum sollte man sich das fragen? Schließlich will niemand mehr, auch kein Gelegenheitsarbeiter, in so einer Armut leben wie vor 100 Jahren. Wo ist also das Problem?

▆▆▆▆▶ **Der Schein trügt. Denn die Ausbeutung und die Ungerechtigkeit wurden nur dorthin verschoben, wo wir sie nicht mit ansehen müssen.** Das heißt, in Schwellenländer (Länder auf dem Weg zur Industrialisierung) und Entwicklungsländer (Länder mit überwiegend Agrarwirtschaft, in denen viele Bewohner an z. B. Unterernährung und mangelnder Gesundheitsversorgung leiden). Wenn wir uns fragen, wer unsere billige Kleidung und unsere ebenso billigen Haushaltsgeräte produziert, dann müssen wir feststellen, dass diese meistens von Kindern, Frauen und Männern unter unmenschlichen Bedingungen und ohne Arbeitsschutz hergestellt werden. Diese Menschen arbeiten bis zu 18 Stunden am Tag und wissen am Ende des Monats trotzdem nicht, wie sie die Miete bezahlen sollen. Nur leben diese

Arbeiter eben nicht bei uns, sondern in China, Indien, Pakistan, Brasilien oder Thailand, wo wir sie nicht sehen.

Wie konnte es dazu kommen? Anstatt einer Lösung für dieses riesige Problem – die ich nicht habe – will ich euch zwei kleine Geschichten erzählen. Welche davon ihr für realistisch haltet, müsst ihr selbst entscheiden.

Die erste Geschichte handelt wieder von Greta, die mit ihren Eltern und Geschwistern in einem schönen Haus lebt. Greta ist wie die meisten Jungs und Mädchen eigentlich nett und sympathisch – aber wenn es um die Wurst geht, kann sie auch egoistisch und selbstsüchtig sein.

Wenn ein Paket von der Großmutter kam, wollte Greta immer die meisten Süßigkeiten daraus für sich haben und versuchte sogar oft, den Geschwistern etwas von deren Anteil wegzunehmen. Sie versprach den kleineren Geschwistern, die sich noch nicht so richtig wehren konnten, irgendetwas, damit sie ihr von deren Anteil an Süßigkeiten viel abgaben. Manchmal drohte sie sogar einer Schwester oder einem Bruder Prügel an, wenn sie es nicht taten. Greta konnte ein ziemliches Biest sein, wenn es hart auf hart kam. Wenn ein Geschwisterkind weinte und die Eltern mit ihr schimpften, behauptete sie, dass sie es gar nicht so gemeint habe und dass es ihr leidtue. Manchmal stimmte das sogar und Greta bereute ihr Verhalten wirklich. Eines Montags im Winter blieben die Eltern nach einem Besuch bei der Großmutter im Schnee stecken und mussten dort bleiben, bis die Straßen wieder frei waren. Sie riefen bei Greta an und sagten ihr, der Ältesten, dass sie eine Zeit lang mit den Geschwistern alleine bleiben müsse. Was dann geschah, erzählt der nächste Cartoon ...

Die garstige Greta

Gretas Eltern sind nach einem Besuch bei der Großmutter im Schnee
stecken geblieben und können erst ein paar Tage später nach Hause kommen.
Greta und ihre Geschwister haben zum ersten Mal sturmfreie Bude ...

TAG 1

Die Nachbarn haben das Essen gebracht. Greta
verteilt es gerecht. Danach wäscht sie ab,
Schwester und Bruder helfen beim Aufräumen.

TAG 2

Sie haben Pommes geholt. Greta liebt Pommes
und nimmt sich eine große Portion, den anderen gibt sie weniger. Nach dem Essen ist sie
pappsatt und befiehlt: Die Geschwister müssen
heute alleine spülen!

TAG 3

Hmm, Pizza! Aber nur für Greta, die es sich richtig gut gehen lässt. Bruder und Schwester kriegen die letzten harten Stücke Brot.

Greta liegt faul auf dem Sofa, der Müllhaufen um sie herum ist entsprechend gewachsen. Von Pizza kriegt sie nicht genug ... Bruder und Schwester lässt sie schuften.

TAG 4

TAG 5

„Wir können nicht mehr!"

Greta besinnt sich und ...

... alles wird wieder gut.

HAPPY END

Diese Geschichte hat mit unserer Situation und den weltweiten Problemen viel zu tun. Größtenteils ist das enorme Gefälle von Wohlstand und Reichtum, aber auch die sehr unterschiedlichen Chancen für Bildung und Arbeit durch unsere Art zu wirtschaften entstanden. Die westliche Welt verhält sich seit langer Zeit wie Greta in unserem Beispiel. Aber auch wenn Gretas Gesinnungswandel am Ende unrealistisch erscheinen mag, so ist er dennoch möglich – auch für die hochentwickelten reichen Länder dieser Erde. Und die zweite Geschichte? Die möchte ich jetzt erzählen .

Wie geht es weiter?
Zweiter Vorschlag

Im letzten Kapitel taucht Greta nicht auf; sie hat Besuch von ihrer Cousine Anna und ein paar Freundinnen. Stattdessen taucht wieder Herr K. auf und zeigt uns, dass im Leben nicht jede Geschichte ein Happy End hat. Na ja, unsere vielleicht ja doch noch.

Die zweite Geschichte, die ich jetzt erzählen möchte, ist nicht unbedingt schöner als die erste. Es gibt Tage, da fürchte ich, sie könnte die realistischere sein. Diese Geschichte beginnt mit einer Figur, die wir schon gut kennen: Es ist Herr K. bzw. die alte kapitalistische Marktwirtschaft. Der König des Landes nahm Herrn K. in seine Dienste und übertrug ihm die Verantwortung für die wirtschaftliche Entwicklung. So weit kennen wir die Geschichte schon und wir ahnen auch, wie sie zunächst weitergeht: Herr K. bekam so viele Regeln auferlegt, dass er sich gar nicht entfalten konnte ...

Herr K. oder: Eine Erfolgsgeschichte?

Herrn K. geht es blendend, denn er hat all die Regeln, die ihm der König auferlegt hatte, einfach in den Wind geschossen. Er hat das Land mit blühender Wirtschaftskraft ausgestattet und zu enormem Fortschritt gebracht!

Der König staunt über das schnelle wirtschaftliche Wachstum. Und doch ist sein Minister, Herr K., kein Segen für sein Land! Die Menschen klagen über Herrn K.s skrupelloses Verhalten vor allem bei Massenentlassungen!

Je mehr Arbeitslose, desto besser, findet Herr K. Denn dann begnügen sich immer weniger Menschen mit immer weniger Lohn und der Gewinn für die Fabrikbesitzer wird noch größer. Prima!, denkt Herr K.

Der König ist verzweifelt ...

Soll er Herrn K. verbannen? Und jemand anders zum Minister ernennen, der für eine soziale Wirtschaft sorgt, in der es nicht zu diesen Ungerechtigkeiten kommt? Aber würde es dann noch so viele billige Produkte geben?

Der Verzicht auf Luxus würde im Volk erst recht für einen Aufstand sorgen! Aber der König hat noch mehr beobachtet: Die Marktwirtschaft hat mit ihren Fabriken und Anlagen eine riesige Sauerei angerichtet.

Es kommt noch schlimmer.
Eines Morgens meldet sich sein engster Berater.

Er berichtet, dass inzwischen so viel Energie verbraucht wird und so
viele Schadstoffe entweichen, dass sich die Atmosphäre über dem Königreich sehr schnell verändert. Es wird immer wärmer! „Hm", sagt der König,
„ist das denn nicht vielleicht sogar ganz nett?" Sein Berater schüttelt
den Kopf. Auf der ganzen Welt verändert sich das Klima rasant und wir
haben bald eine lange Dürreperiode. Wenn man nicht sofort handelt!

Aber dann wird es doch so herrlich sein wie in der Karibik!, ruft der
König aus. Sein Berater schaut ihn mitleidig an und raubt ihm seine Hoff-
nungen. Leider, sagt er, bedeutet die Erwärmung, dass große Teile unseres
Landes nicht mehr bewohnbar sein werden, da die Böden austrocknen und
die Bevölkerung nicht mehr ernährt werden kann. Und die Gletscher werden
weiter schmelzen und große Teile unseres Königreichs unter Wasser setzen.

Der König begreift: Es geht hier um eine Frage von Leben und Tod!
Niemand soll verdursten, ertrinken oder im Müll ersticken. Er muss
Herrn K. die Zügel anlegen! Schluss mit dem rücksichtslosen
Profitstreben!

Aber es sollte
ganz anders kommen.

Ein Anschlag auf
den König ...

Sein treuer Berater
eilt herbei ...

Keine Chance.

Verschleppt in eine
einsame Gegend,

kann der König
nichts mehr gegen
Herrn K.
machen.

Ich vermute, diese Geschichte gefällt euch nicht. Mir auch nicht. Dagegen erscheint die garstige Greta plötzlich wie ein Engel, oder? An Tagen, wenn ich gut gefrühstückt habe und das Leben wunderbar finde, denke ich, dass es uns gehen wird wie Greta und dass wir das Ruder noch herumreißen werden – wenn auch in allerletzter Sekunde und obwohl schon viel Schaden angerichtet worden ist.

In schlechten Momenten aber, wenn ich sowieso nicht gut auf die Welt zu sprechen bin, werde ich das ungute Gefühl nicht los, dass es vielleicht so kommen könnte wie in der zweiten Geschichte, ob mir das gefällt oder nicht. Sicher ist nur, dass wir die Frage im Moment nicht beantworten können, und deswegen gilt für uns: Kopf hoch, Brust raus und ran an die Probleme! Denn wenn es noch nicht zu spät ist, dann müssen wir uns beeilen. ➤➤➤ **Wie könnte der Weg in eine sich selbst erhaltende Welt aussehen? Was würde das für unser wirtschaftliches Handeln bedeuten?** Folgen wir der ersten Geschichte, dann heißt das vor allem, dass wir aufhören müssen, nur an kurzfristigen Profit zu denken, so wie Greta es am Anfang tat. Stattdessen müssten wir anfangen, darauf zu achten, was unser wirtschaftliches Handeln für weitreichende Konsequenzen hat. Wenn ich mir neue Schuhe kaufe, muss ich mich fragen: Wer hat sie gemacht? Wie viel Müll ist dabei entstanden? Wo kommen die Rohstoffe her? Wurden alle Menschen, die daran gearbeitet haben, gerecht bezahlt? Wie viel Energie wurde bei der Herstellung und beim Transport verbraucht? Diese Fragen haben direkte Konsequenzen für die Theorien, die die Ökonomen momentan aufstellen, um die Probleme zu lösen. Sie sind Teil der Wirtschaftstheorie.

Erinnert ihr euch an Gustav Schmoller? Jetzt ist der Zeitpunkt gekommen, an dem ich mein Versprechen einlöse und euch zeige, dass es sich auch heute noch lohnt, sich mit ihm zu beschäftigen. Warum eigentlich gerade Schmoller? Weil er derjenige war, der behauptete, dass es eine Wirtschaft, die immer überall gleich funktioniert, gar nicht gibt. Denn er war überzeugt davon, dass das Wirtschaftsleben einer Gruppe von Menschen abhängig von ihrer Kultur ist, von den Traditionen, Werten und Überzeugungen. Und genau deswegen erlebt das Denken Schmollers heute eine bemerkenswerte Renaissance. Wenn wir uns unsere heutigen Krisen, den Müll, die Armut und den Klimawandel ansehen, dann ergibt sich daraus ja vor allem eines:

Die Wirtschaftsform der letzten Jahrzehnte und die zugehörigen Theorien haben versagt. Innerhalb von etwa 200 Jahren wurden der Globus und die Menschheit auf diese Weise an den Rand des Untergangs gebracht.

Erinnern wir uns noch einmal an das ökonomische Denken, das hinter dieser Wirtschaftsform steht: Nach Adam Smith war es vor allem Carl Menger, der behauptete, dass alle Menschen in ihrem wirtschaftlichen Handeln gleich sind, egal welcher Kultur sie angehören. Er erklärte die liberale und moralphilosophisch begründete Markttheorie von Adam Smith kurzerhand zu einem Naturgesetz. Denn wenn Wirtschaft unabhängig von kulturellen Unterschieden überall gleich funktioniert, dann ist sie Teil der Natur des Menschen und nicht Teil der von ihm hervorgebrachten Kultur. Für die Wirtschaft bedeutet das, dass man sie am besten sich selbst überlässt, damit man die Gesetze des Marktes nicht stört. Nach den Misserfolgen dieser Wirtschaftsform in den 1920er-Jahren verlor die liberale, kapitalistische Marktwirtschaft für eine Weile

Nach der Krise ist vor der Krise ...

an Prestige. Man schwächte sie ab durch eine von Keynes' Konjunkturtheorie geprägte Marktwirtschaft, in der dem Staat eine wichtige Rolle in der Wirtschaft eingeräumt wird, um die negativen Folgen, die man von der kapitalistischen Marktwirtschaft nun kannte, einzudämmen. In Deutschland ging man mit der Erfindung der Sozialen Marktwirtschaft sogar noch weiter.

Nachdem es in den 1970er-Jahren trotz aller getroffenen Maßnahmen zu einer weiteren Wirtschaftskrise gekommen war und das Ansteigen der Arbeitslosigkeit nicht aufgehalten werden konnte, war die Zeit gekommen für eine Renaissance der neoklassischen Theorie, in diesem Fall vor allem der von Milton Friedman. Jetzt hieß es wieder einmal: Die Marktwirtschaft funktioniert nach Gesetzen, die dafür sorgen, dass es allen Beteiligten automatisch immer besser geht. Man muss sich nur heraushalten aus dem Markt und nicht durch staatliche Eingriffe das Wachstum hemmen.

Seit den 1980er-Jahren befolgte man Milton Friedmans liberale Wirtschaftspolitik. Die Staaten gaben in der sogenannten Deregulierung nach und nach die Kontrolle über Bereiche ab, die bis dahin in ihren Aufgabenbereich fielen: Die Bahn, die Post, die Stadtwerke und auch viele Energiekonzerne wurden privatisiert und somit ein Teil der freien Wirtschaft.

Schließlich stellten viele Staaten sogar die Kontrolle des Bankenwesens und des Finanzwesens fast vollständig ein, obwohl diese Bereiche für die Gesamtwirtschaft sehr wichtig sind.

Wie aber sieht eine Alternative zu dieser Wirtschaft und der dahinterstehenden neoliberalen Theorie aus?

▶▶▶ **Der Kern des Neoliberalismus ist die Überzeugung, dass Wirtschaft wie ein Naturgeschehen ist und nach bestimmten Gesetzen abläuft, unabhängig davon, wo in der Welt und in welcher Kultur sie sich abspielt. Da sich diese Theorie offensichtlich als falsch erwiesen hat, geht die neueste ökonomische Forschung oft in eine andere Richtung. Vor allem wird untersucht, ob Schmoller nicht doch recht hatte mit seiner Annahme, dass Wirtschaft eher ein kulturelles Phänomen ist und deswegen von den Traditionen, Werten und Überzeugungen der Menschen mitbestimmt wird.**

Viele Ökonomen sind heute überzeugt, dass man die Rolle von kulturellen Unterschieden wegen der scheinbaren Naturgesetzlichkeit von Wirtschaft lange unterschätzt hat. Die letzten Nobelpreisträger für Wirtschaft haben ihren Preis dafür bekommen, dass sie herausgefunden haben, unter welchen kulturellen Bedingungen Menschen in der Wirtschaft nicht nur an sich und ihren kurzfristigen Profit denken, sondern auch an die Gemeinschaft und die Natur als ihre Existenzgrundlage. Eine der Preisträgerinnen, **Elinor Ostrom,** entdeckte beispielsweise eine Gruppe von Fischern, die seit Generationen ein bestimmtes Gebiet befischen und vom Fisch und seinem Verkauf leben. Bis heute achten diese Fischer darauf, dass der Fischbestand nicht durch Überfischung gefährdet wird und somit längerfristig eine Lebensgrundlage bietet. Diese Fischer handeln also auf nachhaltige Art und Weise, ohne durch Gesetze dazu gezwungen zu sein oder ohne prinzipiell auf Marktwirtschaft zu verzichten. Ihre kulturelle Tradition macht ihr

Handeln, das für uns alle ein Vorbild sein sollte, zu einer Selbstverständlichkeit.

Interessant ist auch, sich die neuesten Entwicklungen in der deutschsprachigen volkswirtschaftlichen Forschung anzusehen. Eine neue Richtung in der Volkswirtschaftstheorie hat den langweiligen Namen „Neue Institutionen-Ökonomie". Dahinter verbergen sich Theorien, die denen Schmollers in vielem ähnlich sind. ▬▬▶ **Diese Forscher setzen die Erkenntnis, dass Wirtschaft nicht überall auf der Welt gleich funktioniert, konsequent um und fragen sich: Welches sind die Werte und Traditionen, die hinter dem Funktionieren unserer Marktwirtschaft stecken?** Daher auch der Name dieser Forschungsrichtung: Mit Institutionen ist nichts anderes gemeint als Traditionen. Sie entdecken, dass Traditionen sehr viel mit Wirtschaft zu tun haben. Zum Beispiel würde ohne Vertrauen – einer der wichtigsten Werte unserer Wirtschaftsform – nichts mehr funktionieren. Denken wir an das Vertrauen in unser Rechtswesen. Die ganze moderne Wirtschaft basiert schließlich auf dem Vertrauen, dass unser Rechtssystem mir zu meinem Recht verhilft, wenn z. B. ein Vertrag zwischen zwei Geschäftspartnern nicht eingehalten wird.

Uns bleibt nicht viel Zeit, um das Schlimmste aufzuhalten – davon sind viele heutige Ökonomen überzeugt. Sie versuchen daher, ganz konkrete Vorschläge zu machen, wie eine Wirtschaft aussehen müsste, die uns nicht über kurz oder lang in die Katastrophe führt. Vieles davon lässt einen richtig aufatmen, da es so vielversprechend klingt! Einer der bekanntesten Ansätze stammt von einem Forscher an der Universität Oldenburg, der Folgendes vorschlägt: Vor allem muss unsere Wirtschaft sofort aufhören zu wachsen. Denn unsere Probleme stammen vor allem daher, dass man bisher immer der Meinung war, eine Wirtschaft sei nur dann gut, wenn sie wächst. Dieser Ansatz ist eigentlich revolutionär und wir wissen nun, im letzten Kapitel dieses Buches, auch warum: Schließlich ist der ganze Witz beim Kapitalismus, dass eine immer größer werdende Menge Kapital gewinnbringend angelegt werden möchte. Kapitalismus und Wachstum können also eigentlich schlecht voneinander getrennt werden. Müssen sie aber, sagt Niko Paech, der Ökonom aus Oldenburg, sonst sind irgendwann einfach alle Rohstoffe verbraucht.

Und wie soll das gehen? Es ist gar nicht so schwierig! Indem man verhindert, dass sich das Geld immer weiter an den globalen Finanzmärkten konzentriert, und stattdessen dafür sorgt, dass es dort bleibt, wo es auch ausgegeben wird. Praktisch funktioniert so etwas z. B. mit Regionalwährungen: Die erlauben es, ganz normal Marktwirtschaft zu betreiben, mit allen Vorteilen, die wir aus dem Zusammenspiel von Angebot und Nachfrage kennen – nur dass das gewonnene Geld nicht auf den großen Kapitalbergen dieser Welt landet, sondern in der Region bleibt und den Menschen dort zugutekommt. Überhaupt sollte jede Region immer mehr dazu übergehen, sich selbst zu versorgen. So wird zum einen weniger Treibstoff verbraucht und zum anderen sind wir nicht so abhängig von den Krisen der Weltwirtschaft.

Das Wichtigste kommt aber erst. Wir können bei uns selbst anfangen! Warum z. B. ständig neue Sachen kaufen, obwohl wir sie nicht brauchen – neue Turnschuhe, neue Handys und neue Autos. Wenn uns das gelingt, und Niko Paech ist überzeugt, dass das möglich ist, dann können mehr Menschen auf Dauer gut leben und wir werden vermutlich weniger vermissen, als wir heute denken.

Es ist nun Zeit, zum Schluss zu kommen. Zwar ist es nicht möglich, in die Zukunft zu schauen und das Wirtschaftssystem, in dem unsere Enkel leben werden, an dieser Stelle zu beschreiben. Fest steht aber, dass uns große Veränderungen bevorstehen, wenn wir unsere Krisen einigermaßen bewältigen wollen. Ich denke, dass die Tage des ungezügelten neoliberalen Finanzkapitalismus gezählt sind. Aber wie soll es weitergehen? Wird man ganz auf Marktwirtschaft verzichten müssen? Das ist schwer vorzustellen, da es keine Wirtschaftsform gibt, die so effektiv Bedürfnisse erkennt und Produkte dahin bringt, wo sie gebraucht werden.

Trotzdem bleibt es eine, wenn auch schwer zu schluckende bittere Pille, dass wir uns ewiges und immer schnelleres Wachstum nicht leisten können, wenn wir die Klimakrise überleben wollen. Kann es vielleicht wirklich eine Marktwirtschaft geben, wie Niko Paech sagt, die nicht immer weiterwachsen muss?

Es sind genau diese Fragen, an deren Beantwortung die Zukunft sich entscheiden wird. Immerhin ist es beruhigend zu wissen, dass darüber tatsächlich an vielen Orten der Welt nachgedacht wird. Wir sollten uns die Daumen drücken, dass eine Lösung nicht zu spät gefunden wird. Mit anderen Worten: Wir sollten hoffen, dass die Geschichte von der garstigen Greta zutreffen wird.

Leseliste für alle, die es ganz genau wissen wollen

Aristoteles: *Politik.* Reinbek 1994 (ca. 350 v. Chr.)

Adam Smith: *Der Wohlstand der Nationen: eine Untersuchung seiner Natur und seiner Ursachen.* München 2009 (1776)

Karl Marx: *Das Kapital: Kritik der politischen Ökonomie.* Hamburg 2011 (1867)

Gustav von Schmoller: *Zur Geschichte der deutschen Kleingewerbe im 19. Jahrhundert.* Hildesheim 1975 (1870)

Carl Menger: *Grundsätze der Volkswirtschaftslehre.* Tübingen 1968 (1871)

Walter Eucken. *Die Grundlagen der Nationalökonomie.* Jena 1990 (1939)

Alexander von Rüstow: *Das Versagen des Wirtschaftsliberalismus.* Marburg 2001 (1945)

Alfred Müller-Armack: *Wirtschaftslenkung und Marktwirtschaft.* München 1990 (1947)

Ludwig Erhard: *Wohlstand für alle.* Köln 2009 (1957)

John Maynard Keynes: *Allgemeine Theorie der Beschäftigung, des Zinses und des Geldes.* München/Leipzig 2009 (1936)

Milton Friedman: *Kapitalismus und Freiheit.* München/Zürich 2004 (1971)

Niko Paech: *Nachhaltiges Wirtschaften jenseits von Innovationsorientierung und Wachstum: eine unternehmensbezogene Transformationstheorie.* Marburg 2005

Elinor Ostrom und Silke Helfrich (Hg.): *Was mehr wird, wenn wir teilen. Vom gesellschaftlichen Wert der Gemeingüter.* München 2011

Register

Philip Ardagh

Philip Ardaghs völlig nutzloses Buch der haarsträubendsten Fehler der Weltgeschichte

Wer weiß schon, warum der Papst in Spanien mit einer Kartoffel verwechselt wurde, wieso ein englischer Fußballer das Notizbuch des Schiedsrichters aufaß oder weshalb man sich auf keinen Fall seinen Namen in den Nacken tätowieren lassen sollte. Die schrägsten Pannen, Irrtümer und Schnitzer gesammelt vom genialen Philip Ardagh sind nicht nur zum Schlapplachen; damit kann man auch den pingeligsten Lehrer beeindrucken.

Arena

224 Seiten • Gebunden
ISBN 978-3-401-06627-1
www.arena-verlag.de